Meisterwerke kurz und bündig

Dantes Göttliche Komödie
Von Fritz R. Glunk

SERIE PIPER

Meisterwerke kurz und bündig
Herausgegeben von Olaf Benzinger

Sicherlich kennt man Dantes »Göttliche Komödie« und sein schicksalhaftes Treffen mit Beatrice im Reich der Seligen. Aber wohl kaum jemand kann die ganze »Göttliche Komödie«, ihr kompliziertes Figurengeflecht, ihre Bedeutung und ihre Entstehungsgeschichte im Kopf behalten. Dazu ist das Werk zu mannigfaltig, zu groß. Fritz R. Glunk stellt das Wichtigste zu Dantes »Göttlicher Komödie« zusammen: Entstehung, Inhalt und Aufbau, Wirkungsgeschichte und was man über Dante Alighieri wissen muß. Im Mittelpunkt der allgemeinverständlichen Darstellung stehen alle wichtigen Daten, Fakten und Hintergrundinformationen. Ein höchst kurzweiliges Kompendium für Laien und Experten, für Liebhaber und Neugierige. Der Brennspiegel mittelalterlichen Denkens auf einen Blick.

Fritz R. Glunk, geboren 1939, studierte Literatur- und Sprachwissenschaften und war als Dozent des Goethe-Instituts und in einem Verlag tätig. Seit 1986 arbeitet er als freier Journalist, Übersetzer und Schriftsteller. Seit 1998 außerdem Herausgeber der literarischen Online-Zeitschrift »Die Gazette« (www.gazette.de). Er lebt heute in München.

Dantes Göttliche Komödie
Von Fritz R. Glunk

Piper München Zürich

In der Reihe »Meisterwerke kurz und bündig« liegen vor:
Homers Ilias und Odyssee (von Gerhard Fink, Serie Piper 2885)
Goethes Faust (von Michael Lösch, Serie Piper 2886)
Wagners Ring (von Robert Maschka, Serie Piper 2887)
Michelangelos Sixtinische Kapelle (von Lieselotte Bestmann, Serie Piper 2888)
Prousts Auf der Suche nach der verlorenen Zeit (von Philipp Reuter, Serie Piper 2890)
Dantes Göttliche Komödie (von Fritz R. Glunk, Serie Piper 2891)
Dostojewskijs Schuld und Sühne (von Fritz R. Glunk, Serie Piper 3135)
Ovids Metamorphosen (von Gerhard Fink, Serie Piper 3136)
Sgt. Pepper's Lonely Hearts Club Band der Beatles (von Olaf Benzinger, Serie Piper 3137)
Joyce' Ulysses (von Frank Zumbach, Serie Piper 3138)
Thomas Manns Zauberberg (von Dirk Heißerer, Serie Piper 3141)
Die vier edlen Wahrheiten des Buddha (von Frank Zechner, Serie Piper 3142)
Cervantes' Don Quijote (von Horst Weich, Serie Piper 3150)
Musils Mann ohne Eigenschaften (von Thomas Kraft, Serie Piper 3185)
Grass' Blechtrommel (von Heinz Gockel, Serie Piper 3303)
Platons große Dialoge (von Gerhard Fink, Serie Piper 3353)
Shakespeares Hamlet (von Frank Günther, Serie Piper 3366)
Einsteins Relativitätstheorie (von Otto Krätz, Serie Piper 3390)

Originalausgabe
1. Auflage Oktober 1999
2. Auflage Mai 2001
© 1999 Piper Verlag GmbH, München
Umschlag: Büro Hamburg
Stefanie Oberbeck, Katrin Hoffmann
Umschlagabbildung: CSA Archive/photonica
Redaktion und Satz: Lektyre Verlagsbüro
Olaf Benzinger, Germering
Druck und Bindung: Clausen & Bosse, Leck
Printed in Germany   ISBN 3-492-22891-7

Inhalt

Der Florentiner   7

    Die Stadt   7
    Die zwei Schwerter   9
    Der Politiker   12
    Der Schriftsteller   17
    Die Göttliche Komödie   22

Der »rechte Weg«   24

    Der Beginn der Reise: die Hölle   24
    Paolo und Francesca   25
    Die Eroberung einer Stadt   29
    Der blutende Strauch   32
    Die Malebolge   37
    Zwei Verwandlungen   40
    Odysseus oder Wie weit darf man gehen?   44
    Der Menschenfresser   48
    Das Purgatorium – ein schwieriges Zwischenreich   51
    Stimmung und Architektur   54
    Eitelkeit oder Die Macht der Musik   56
    Die sieben Todsünden   60
    Hinter der Flammenmauer   66
    Das Paradies – Schreibprobleme   70
    Das ptolemäische Weltbild   72
    Vier Monologe   75
    Die ganze Wahrheit   80

Triumphzug mit Aufenthalten	82
Wege zum Ruhm	82
Dante und die Künstler	86
Anhang	101
Übersetzungsvarianten	101
Zeittafel	103
Statt einer Bibliographie	106

Der Florentiner

Die Stadt

Den schönsten Blick auf Florenz gewinnt der Reisende auf der Terrasse des hochgelegenen Franziskanerklosters in Fiesole. Vor siebenhundert Jahren zeigte sich ihm in einer Landschaft, deren Zauber alle Dichter rühmten, der breite Arno, die Verbindung mit Pisa und den maritimen Handelsstraßen, und an seinen Ufern die lebendige, blühende, rastlos tätige Stadt. Darin mußte dem Betrachter aber vor allem eines ins Auge fallen: die Türme – ein steinerner Wald von Türmen.

Kein Zweifel, diese Stadt war bewaffnet. Nicht eigentlich gegen äußere Feinde (die zehn Kilometer lange Stadtmauer war noch nicht einmal fertig), nein, hier war jede größere Familie bewaffnet gegen andere Familien, im endlosen Kampf um Macht und Einfluß in der Stadt. Dabei waren diese Hochbauten nur noch die stumpfen Überreste der alten Aristokratenherrlichkeit.

In den winkligen, engen, von Stützbögen dunkel überwölbten Gassen war Florenz um 1300 im Kern noch eine Stadt des Mittelalters. Zwar beschäftigte sich eine Lokalbaukommission mit der Verbreiterung von Durchgangsstraßen, der Verschönerung von Plätzen, speziell um die Kirchen herum, und der Anlage von Parks (die man als »wichtigen Bestandteil einer gesitteten Gemeinschaft« ansah). Aber die bewilligten Gelder hörten sofort zu fließen auf, wenn sie für dringendere Kriegs- und Rüstungszwecke benötigt wurden.

Tagsüber waren diese Plätze vielbesuchte Orte einer urbanen Geselligkeit. Auf der Piazza della Signoria wurden politische Diskussionen geführt, Geschäfte abgeschlossen, Ehen vereinbart und hohe Herren um Beistand angegangen. Man sah auf Anstand: Glücksspiele waren hier verboten, und die Prostituierten beachteten den vorgeschriebenen Hundert-Meter-Abstand von der Piazza.

Im Winter, wenn es kalt und feucht wurde, zogen sich die Bewohner lieber in ihre mehr schlecht als recht geheizten Häuser und Türme zurück. Um so freudiger begrüßten sie die Rückkehr des weltbekannten toskanischen Frühlings, und nun kamen auch wieder die zahlreichen Besucher und Touristen: ferne Rompilger, ausländische Kaufleute, Jahrmarktsgaukler, Schauspieler und Taschendiebe.

Aber so mittelalterlich es hier auch zugehen mochte, Florenz war um diese Zeit bereits entschieden zukunftsorientiert. Die Stadt mit ihren 90 000 Einwohnern war eine der größten in Europa (genauer: die fünftgrößte nach Paris, Venedig, Mailand und Neapel), ein Zentrum der Textilproduktion und eine Banken- und Handelsmetropole, kurz: ein Wirtschaftsstandort.

Die ansässigen Firmen verfügten über ein multinationales Netz von Tochtergesellschaften in der gesamten christlichen Welt und außerdem über Kapitalreserven, mit denen sie ganze Regionen, etwa das Königreich Neapel, wie Kolonien ausbeuten konnten. Die Menschen dieser Stadt galten als gebildet und intelligent, flexibel, einfallsreich und von unbestechlichem Sinn für Qualität. So hätte der Stadt ein gnädiges Schicksal beschieden sein können, gesundes Wachstum und steigender Wohlstand selbst in Epochen weltweiter Umbrüche und Unsicherheiten. Aber dann verstrickte sie sich geradezu selbstmörderisch in den blutigen Streit zwischen Kaiser und Papst.

Die zwei Schwerter

Übermächtig und unangefochten stand das Papsttum im Mittelpunkt der Welt. Hatte es nicht soeben (1250) den letzten Hohenstaufenkaiser zu Fall gebracht, Friedrich II., den »Schrecken der Welt«, und dann auch noch all seine Nachkommen und Thronanwärter ausgerottet? Waren dem Bischof von Rom und seiner Kraft »zu binden und zu lösen« jetzt nicht alle Völker und Könige untertan? Wahrhaftig, der Mann auf dem Stuhl des Apostels hatte sich nach einem jahrhundertelangen, immer zäh und unerbittlich geführten Kampf zum Herrscher der Welt erhoben. Für jedermann sichtbar gehörten dem Papst nun beide Schwerter, also die geistliche und dazu die weltliche Macht, wobei das eine Schwert zwar von den weltlichen Staaten geführt wurde, aber nur im Namen und Auftrag des Papstes.

Da geschah es, daß Rom sich mit seinem treuesten Alliierten überwarf, mit Frankreich. Das erstaunliche Gebäude der päpstlichen Weltherrschaft stürzte jämmerlich – und für alle Zukunft – in sich zusammen. Wie konnte etwas so Unerhörtes geschehen?

Im Jahr 1294 hatten die Kardinäle, erschüttert durch den Tod eines ihrer Kollegen und in einer wohl südländischen Gefühlsaufwallung, einen ebenso unbescholtenen wie unbedarften Mönch zum Papst gewählt. Coelestin V., wie er sich nannte, sprach nicht einmal ordentlich Lateinisch, so daß er auch wichtige Konferenzen in seinem bäuerlichen Dialekt abhalten mußte. Sehr schnell bereuten die Kardinäle ihre Wahl.

Dem ehrgeizigsten von ihnen, Benedikt Gaetani, sagte man später nach, er habe durch die Schlafzimmerdecke Coelestins ein Rohr gesteckt und ihm hindurchflüsternd

– als käme die Stimme aus den himmlischen Höhen – drei Nächte lang den Rücktritt nahegelegt. Und wirklich, nur fünf Monate nach der Wahl legte Coelestin Amt und Würden nieder. Sein Nachfolger wurde – wer sonst? – Gaetani, der den Namen Bonifaz VIII. annahm.

Sofort spürte man, daß wieder eine kräftige Hand regierte. Als erstes setzte Bonifaz den Vorgänger gefangen und brachte seine eigenen Vertrauensleute in Schlüsselpositionen. Dann rief er zu Krieg und Kreuzzug auf – nicht gegen Ungläubige, sondern gegen die Kardinäle der Familie Colonna, deren Grundbesitz er für die Kirche eroberte. Und schließlich streckte er die begehrliche Hand auch nach einem uralten Hoheitsgebiet des Kaisers aus, nach Norditalien, und das hieß: Florenz.

Die Stadt, wie alle anderen italienischen Städte, war seit langem in zwei verfeindete Fraktionen auseinandergebrochen. Da standen auf der einen Seite die kaisertreuen Ghibellinen und auf der anderen die Guelfen, die dem Papst ergeben waren. In ungezählten Bürgerkriegen gehörte Florenz mal der einen, mal der anderen Partei. Um 1300 waren gerade die Guelfen an der Macht. Jetzt aber spalteten sich diese in eine fundamentalistische Gruppe, die sich die »Neri« (»Schwarze«) nannte, und eine liberalere, die »Bianchi« (die »Weißen«).

Natürlich konnte der Papst nicht ohne Alliierte gegen den Kaiser vorgehen. Der gegebene Kandidat war Frankreich, die »älteste Tochter der Kirche«. Aber genau hier versagte die päpstliche Diplomatie.

Frankreich lag mit England im Krieg, brauchte dafür Geld und besteuerte zu diesem Zweck ohne die Erlaubnis aus Rom auch die Geistlichkeit. Bonifaz sah darin – mit guten juristischen Gründen – eine Verletzung seiner Rechte. Der Steuerstreit erreichte einen Höhepunkt, als der

Die zwei Schwerter

französische König Philipp IV. jegliche Geldausfuhr nach Rom kurzerhand verbot. Da schrieb ihm Bonifaz den ruppigen Mahnbrief AUSCULTA FILI (»Höre, teuerster Sohn«), in dem er alle Vorwürfe zusammenfaßte. Als Philipp hart blieb, schickte Bonifaz die Bulle UNAM SANCTAM hinterher. Kein anderes Schriftstück der Päpste reicht an die Berühmtheit dieser Bulle heran. Der entscheidende Kernsatz darin lautete: »Somit erklären, behaupten und entscheiden wir, daß es für alle menschlichen Geschöpfe zum Seelenheil notwendig ist, sich dem römischen Bischof zu unterwerfen.« So ähnlich hatten es auch frühere und erfolgreiche Päpste formuliert. In solcher Schroffheit jedoch und in der Hitze des Streits war der Satz eine tollkühne Herausforderung. Frankreich antwortete darauf mit der Anklage, der Papst, ein der Zauberei verfallener Ketzer, sitze überhaupt unrechtmäßig auf dem Thron. Bonifaz konterte, im Juli 1303, indem er UNAM SANCTAM öffentlich und feierlich kundtat. Das nachfolgende Ultimatum jedoch, dessen Veröffentlichung er für den 8. September in seiner Geburtsstadt Anagni plante, erging nicht mehr.

Denn im Morgengrauen des Vortags drang ein Trupp Bewaffneter in Anagni ein, an der Spitze Nogaret, Sekretär Philipps von Frankreich, und Sciarra Colonna, den Nogaret leicht für seine Zwecke gewonnen hatte. Die aufgeschreckten Bewohner sahen das wehende Lilienbanner, hörten den seltsamen Schlachtruf »Frankreich und Colonna!«, und manche antworteten sogar: »Tod dem Papst!« Nogaret eroberte die Paläste dreier Kardinäle (die Bedrohten entkamen in Verkleidung), im Palast des Papstes aber leistete die Wache Widerstand. Sciarras Söldner mußten erst die angrenzende Kirche in Brand stecken, dann gelang ihnen am Abend von der Rückseite her der Durchbruch. Über die Leichen der Verteidiger hinweg betraten Sciarra und Nogaret den Audienzsaal. Sie fanden Bonifaz im vollen Ornat und bereit zum Märtyrertod: »Hier mein Nacken, hier mein Haupt!« rief er ihnen zu. Sciarra hatte bereits das Schwert erhoben, da fiel ihm Nogaret in den Arm; ein toter Bonifaz, den man nicht mehr als Ketzer vor Gericht stellen konnte, hätte ihm wenig genutzt.

Zwei Tage blieb der Papst gefangen, dann drehte sich wie der Wind die unsichere Stimmung in der Stadt, die Bevölkerung vertrieb die Eindringlinge und befreite Bonifaz. Er konnte die erlittene Demütigung aber nicht überwinden: Vier Wochen später starb er, körperlich und geistig zerrüttet.

Seine Nachfolger sind dann nur noch Marionetten in der Hand Frankreichs. Clemens V. läßt sich sogar in Lyon zum Papst weihen und wird nie in Rom residieren. Mit ihm beginnt die schmachvolle »babylonische Gefangenschaft« des Papsttums in Avignon. Sie dauert fast ein Jahrhundert und endet in einer unheiligen Dreifaltigkeit: mit einem Papst in Frankreich und zwei Gegenpäpsten in Italien.

Seit dieser Zeit führen nur noch die weltlichen Herrscher das Wort. Nie wieder hat sich das Papsttum von dieser Niederlage erholt.

Der Politiker

Aus dem heillosen Chaos jener Epoche tritt uns nun ein aufrechter Charakter entgegen, ein engagierter Intellektueller, lebhaft, ja leidenschaftlich am Geschehen beteiligt, aktiv und tätig selbst in den Niederungen der Tagespolitik: Dante Alighieri, der Dichter der GÖTTLICHEN KOMÖDIE.

Wir müssen ihn uns so vorstellen wie seine Stadt: ernst, unbeugsam, selbstbewußt. So zeigt den Dichter auch das

Der Politiker

berühmte und sicher zu Recht Giotto zugeschriebene Porträt im Florentiner Museo Nazionale. Unter der modischen Kappe sehen wir eine hohe Stirn, eine lange, scharf geschnittene Nase, einen kleinen, verschlossenen Mund (die Oberlippe schmal und streng, die leicht vorspringende Unterlippe eher zu groß und sinnlich), tief gefurchte Wangen und ein herrisch markantes Kinn. Aber erst dieser auffallende Blick unter den unmerklich verengten Lidern: Er ist kein bißchen passiv, gar nicht auf Empfang und Impression gestimmt, er geht vielmehr geradewegs nach draußen in die Welt, ein unabgelenktes, kaum zu störendes Ins-Auge-Fassen seiner Umgebung und jederzeit zum scharfen, treffenden Urteil bereit. So muß wohl der oft geforderte »Blick für das Wesentliche« aussehen.

Im Jahr 1300 war Dante 35 Jahre alt. Er stammt – sein voller Name Dante da Alighiero di Bellincione d'Alighiero verrät es – aus einem kleinen Adelsgeschlecht. Mit zwölf Jahren bereits wird er mit Gemma Donati verheiratet, die Familie jedoch erst gut zehn Jahre später gegründet. Seine Frau bringt eine Tochter zur Welt (vielleicht auch zwei) und dann drei immerhin dokumentarisch bezeugte Söhne.

Er hat zu dieser Zeit schon einige Jahre politische Erfahrung gesammelt: Er war nacheinander Kommunalreferent, Mitglied einer Kommission zur Reform des Wahlrechts, dann im Stadtparlament (im sogenannten »Rat der Hundert«), gehörte dem Stadtrat an und zuletzt einer städtischen Delegation in San Gimignano. Er zählte sich zur Partei der papsttreuen Guelfen, vertrat aber zeitlebens die demokratischen Interessen des »kleinen Volkes« (des »populo minuto«) und vor allem die Unabhängigkeit seiner Vaterstadt Florenz.

Als sich die guelfische Partei in adlige »Schwarze« und liberalere »Weiße« teilte, schlug sich Dante auf die Seite der regierenden Weißen (obwohl die Schwarzen von seiner Schwiegerfamilie, den Donati, angeführt wurde).

Der Machtkampf zwischen den beiden Splittergruppen nahm jedoch in diesem Jahr 1300 zunehmend eine anarchische Zügellosigkeit an. Straßenprügeleien, Verschwörungen und Attentatsversuche hielten die Stadt in Angst und Schrecken. Häufig reichte schon die einfache Denunziation für scharfe Urteile (etwa zum Abschneiden der Zunge, erfreulich oft in Abwesenheit der Angeklagten). Der von Bonifaz zur Vermittlung entsandte Kardinal und seine Kompromißforderungen wurde von den Weißen rundweg abgelehnt, vermutlich auf Initiative Dantes, woraufhin der Kardinal über die Stadt den Kirchenbann verhängte und nach Bologna weiterreiste. Und der landgierige Papst lud einen Ausländer, Karl von Valois, zu einer »friedenschaffenden Maßnahme« ein. Dante bleibt bei seiner radikalen Haltung: keine Annäherung an den Papst, keine Hilfsgelder für den römischen Privatkrieg. Die Rede ist seine letzte kommunale Amtshandlung.

Am 1. November 1301 kommt Karl von Valois nach Florenz. Das von ihm einberufene »Friedensparlament« besteht nur einen Tag: Am 6. November sind die vertriebenen Schwarzen plötzlich in der Stadt und fallen mordend und plündernd über ihre Gegner her. Im Januar 1302 werden Dante und vier weitere Angeklagte, nicht anwesend, wegen »Widerstand gegen den Papst« verurteilt, und, nachdem sie sich – verständlicherweise – nicht freiwillig stellen, zwei Monate später mit zehn weiteren Angeklagten in einem zweiten Schauprozeß zur Verbannung und zum Tod durch Verbrennen, falls sie »wieder in die Gewalt der Gemeinde kommen sollten«.

Die machtlos gewordenen Weißen vereinen sich in ihrer Not mit den kaiserfreundlichen Ghibellinen in der Umge-

Der Politiker

bung von Florenz. Auch hier sehen wir Dante noch einmal in einer Führungsposition: in einer Art Exekutivausschuß, dem ghibellinischen »Zwölferrat«. Die kriegerischen Rückeroberungsversuche im Jahr 1303 bleiben jedoch wirkungslos, und die Florentiner Schwarzen fügen den Ghibellinen blutige Vergeltungschläge zu. Am 7. Juli 1304 versuchen es die Vertriebenen ein letztes Mal mit Gewalt – und wieder vergeblich.

Um diese Zeit aber hat Dante, erschöpft und enttäuscht, bereits allen Streitgruppen den Rücken gekehrt. Er steht ab jetzt nur noch für sich selbst ein, er bildet – wie er sagt – seine »eigene Partei«.

Mit anderen Worten: Er ist politisch am Ende. Nur einmal noch schöpft er neue Zuversicht. Im Jahr 1310 kommt der deutsche Kaiser Heinrich VII. über die Alpen nach Italien, und mit ihm verbindet Dante nun seine höchsten Ideale und schier überirdische Erwartungen an eine durchgreifende Ordnungsmacht in Italien. In einem offenen Brief fordert er den Kaiser auf, sofort gegen Florenz vorzugehen, um es wieder seiner Oberhoheit zu unterwerfen. Aber umsonst: Heinrich verzettelt sich bei Brescia, zieht weiter nach dem papstlosen Rom, erreicht dort erst nach langwierigen Barrikaden- und Häuserkämpfen eine eilige Kaiserkrönung (Juni 1312), belagert dann noch wie nebenbei, also erfolglos das inzwischen rundum befestigte Florenz und stirbt im Jahr darauf bei Siena an der Malaria.

Dantes letzte Hoffnung hat sich zerschlagen.

In der Verbannung findet der politische Flüchtling keine rechte Ruhe mehr. Er wird von Verona aufgenommen, dann von Grafen und Stadtfürsten in Treviso, in Venedig, in Padua, in Bologna, an der Riviera, am Gardasee. Im Jahr 1315 bietet ihm Florenz die Rückkehr an – gegen eine Geldstrafe und ein Schuldeingeständnis. Entrüstet lehnt er

Der Florentiner

Dantes Brief an einen Freund in Florenz, mit dem er die »Begnadigung« (die Rücknahme der Verbannung 1315) ablehnt, Auszüge:

Ist das der begnadigende Widerruf, womit ein Dante Alighieri in die Heimat zurückgeholt werden soll, nachdem er beinahe 15 Jahre die Verbannung ertragen hat? Hat das seine Unschuld verdient, die allen offenbar ist? Das die fortgesetzte mühevolle Beschäftigung mit den Studien? Ferne sei einem Manne, der mit der Philosophie vertraut ist, eine solch törichte Demütigung des Herzens, daß er wie irgendein Cioli oder andere schmähliche Gesellen sich gleichsam gefesselt vorführen lasse! Ferne sei es einem Manne, der die Gerechtigkeit predigt, daß er nach der Erduldung des Unrechts denen, die ihm das Unrecht zufügen, wie verdienten Männern sein Geld hinzahle! Mein väterlicher Freund, das ist nicht der Weg zur Rückkehr in die Vaterstadt. Doch wenn von Euch jetzt oder von einem anderen später ein Weg gefunden wird, der dem Ruhm und der Ehre eines Dante keinen Abbruch tut, so will ich ihn mit schnellen Schritten annehmen. Kann aber durch keinen solchen Weg Florenz wieder betreten werden, so werde ich Florenz eben niemals wieder betreten. Was tut's auch? Kann ich nicht überall den Glanz der Sonne und der Sterne erblicken? Kann ich nicht unter jedem Himmel die süßesten Wahrheiten durchdenken, wenn ich mich wenigstens nicht zuvor vor den Augen des Volkes und der Stadt Florenz in Ehrlosigkeit und Schmach bringe? An Brot wird es mir wahrlich auch nicht fehlen.

eine so unehrenhafte »Begnadigung« ab, daraufhin bekräftigt die Stadt das Todesurteil, diesmal – abgemildert – durch Enthauptung. Dante bleibt jetzt nur noch kurze Zeit an jedem Zufluchtsort: in Venetien, in Lucca, noch einmal in Verona und schließlich zuletzt in Ravenna. Hier stirbt er am 14. September 1321.

Der Schriftsteller

Nichts in Dantes Jugend ließ eine solche Politikerkarriere vorhersehen, schon gar nicht ihren düsteren Ausgang. Der junge Mann, finanziell abgesichert und lebenslustig, ging wie damals jeder Gebildete einem harmlosen Zeitvertreib nach: Er dichtete. Die Poesie der französischen Troubadours hatte zu seiner Zeit Norditalien erreicht, und bald wurde es Mode, sie nachzuahmen und irgendeine idealisierte Dame zu besingen. In seinem Dichterkreis fiel Dante, wie es nun mal seine Art war, gleich durch besondere Extravaganzen auf: Er beschrieb die Traumvision von einer liebesglühenden Frau, die sein Herz wortwörtlich auffrißt. Ein hochangesehener Dichterkollege und zufälliger Namensvetter, Dante da Maiano, schickte ihm dafür einen kaum noch poetisch zu nennenden, ja rüpelhaften Verweis (der uns zugleich einen Einblick in die recht lockeren Umgangsformen jener Adelsgesellschaft ermöglicht):

> »Bist du gesund und fest in deinem Geist,
> So wasche dir gehörig deine Hoden,
> Auf daß die Dünste dir sich niederschlagen,
> Die dich zu solchem Fabulieren treiben.
> Doch bist von schwerer Krankheit du befallen,
> So wisse denn: Ich glaub, du hast gefiebert.«

In der Folge schreibt der Getadelte nicht mehr ganz auf dem bisherigen Niveau weiter, bleibt aber gefangen in einem unfeinen, schroffen Realismus. Da ist dann, ganz nach Vorbild und Vorschrift, zwar die Rede vom »Herz der Grausamen«, die »seines zermartert«, aber nun malt er sich aus, wie er ihre blonden Flechten »schon am Morgen packen würde«, »nicht voll Rücksicht, nein, gleich dem Bären trieb ich's« und »rächte mich wohl mehr als tausend Male«.

Dante gibt uns einige dunkle, kaum dokumentierbare Hinweise auf die damalige Entwicklung seines Charakters. Er sei schon im Alter von fast neun Jahren auf einer Maifeier einem kleinen Mädchen begegnet (er nennt sie Beatrice), sie grüßt ihn freundlich, aber neun Jahre später ist sie verheiratet. Er zieht sich untröstlich in seine Kammer zurück – und hat die erwähnte Traumvision. Einige Jahre später (wahrscheinlich 1290) stirbt diese Beatrice auch noch. Da verfällt Dante in seinem Kummer kurzzeitig der »niederen Minne« und einer ungehemmten Sinnlichkeit.

Sein guter Freund Guido Cavalcante, acht Jahre älter als er und der berühmteste Dichter dieser Zeit, beobachtet ihn mit Sorge. Von Guido haben wir ein schmerzliches Sonnett, in dem er dem Gefährdeten die verstorbene Idealgeliebte vor Augen stellt. Mahnend spricht sie Dante an:

»Ich komm zu dir wie oft, wie oft am Tage!
Doch gar zu nieder denkend find ich dich.
Dann tut mir's weh um deinen edlen Geist
Und deine vielen Gaben, die dahin sind.«

Mit Sicherheit hat derselbe Guido den Lebensweg seines Freundes wieder in lohnendere Bahnen gelenkt. Dante beginnt tatsächlich ein »neues Leben«, die VITA NUOVA: So lautet der Titel seines ersten größeren Werkes, an dem er bis etwa 1295 zehn Jahre lang arbeitet. Die VITA NUOVA ist eine Sammlung von Liebesgedichten, verbunden durch erläuternde Prosakommentare, in denen noch durchaus konventionell das wahre Wesen der Liebe wissenschaftlich abgehandelt wird. Eine Art Minnetraktat – also ein für Dantes Kreativität schon damals viel zu enges Genre.

Abgesehen von ihrem Erkenntniswert für Dante-Experten, sind an der VITA NUOVA zwei Dinge auffällig. Das ist erstens das Traumgesicht von Beatrices Tod und ihrer dramatischen »Himmelfahrt« (»Und fliegend aus den Lüften stürzten Vögel. Die Erde zitterte.«). Wir dürfen die Stelle wohl zu Recht als ersten Gedanken an eine GÖTTLICHE KOMÖDIE lesen. Besonders, wenn wir auch noch in der zweiten Canzone sehen, wie Beatrice Gott um Gnade bittet für den liebenden Dichter und der Allmächtige daraufhin entscheidet,

> »Daß das geliebte Wesen noch auf Erden,
> Solang ich will, verweile. Dort zittert
> Ein Mensch um sie und wird zur Hölle fahren
> Und was er sah: des Himmels Glück! erzählen.«

Das klingt schon fast wie ein Prolog im Himmel, eine Vorrede zur KOMÖDIE. Und zweitens haben wir Dantes etwas eigenwilliges Spiel mit der Zahl Drei. Er geht dabei ziemlich halsbrecherisch vor und ruft, wenn gar nichts mehr weiterhilft, die Astronomie, ja den arabischen und sogar den syrischen Kalender zu Hilfe, um den Tod Beatrices symbolisch zu überhöhen: Sozusagen um jeden Preis muß sie eine Neun sein, die zum Quadrat erhobene Drei. (»Nach dem Brauche Syriens schied sie im neunten Monat des Jahres, weil der erste Monat daselbst der erste Tisirin ist, der für uns Oktober ist.«)

Ebenso wie hier in der seinerzeit beliebten Zahlensymbolik bewegt sich Dante auch mit seinem nächsten Werk, dem CONVIVIO, noch ganz und gar im traditionellen Umkreis des Mittelalters. Das CONVIVIO (Gastmahl), geschrieben während der ersten Jahre in der Verbannung, ist ein scholastisch spitzfindiger Kommentar über den Trost der Philosophie, für einen heutigen Leser kaum noch interessant, allenfalls bedeutsam dadurch, daß hier zum erstenmal ein populärwissenschaftliches Buch nicht auf Lateinisch, sondern in der Volkssprache abgefaßt wurde.

Zahlenmystifikation

»Die Zahl Drei ist die Wurzel der Neun, weil sie ohne irgendeine andere Zahl durch sich selbst Neun gibt, wie wir offenkundig sehen, daß dreimal drei neun macht. Folglich, wenn die Drei selbsttätig die Schöpferin der Neun ist, und ebenso der selbsttätige Schöpfer der Wunder Drei ist, nämlich Vater, Sohn und Heiliger Geist, welche Drei und Eins sind, so war diese Herrin von der Zahl Neun begleitet, um zu verstehen zu geben, daß sie eine Neun war, das heißt ein Wunder, dessen Wurzel bloß die wunderbare Dreieinigkeit ist ... Ich sage, daß nach dem Brauche Arabiens ihre hochedle Seele von dannen ging in der ersten Stunde des neunten Tages des Monats; und nach dem Brauche Syriens schied sie im neunten Monat des Jahres, weil der erste Monat daselbst der erste Tisirin ist, der für uns Oktober ist. Und nach unserem Brauche schied sie in jenem Jahr unserer Zeitrechnung, das heißt dem Jahre des Herrn, in welchem die vollkommene Zahl neunmal vollendet war in jenem Jahrhundert, in welchem sie auf diese Welt gesetzt wurde; und sie gehörte zu den Christen des 13. Jahrhunderts. Warum ihr diese Zahl in so hohem Grade lieb war, dafür könnte dies ein Grund sein: Da es nach Ptolemäus und nach der christlichen Wahrheit neun der Himmel sind, welche sich bewegen, und nach üblicher astrologischer Meinung die genannten Himmel hienieden wirken je nach ihrer Stellung zueinander, so war ihr diese Zahl lieb, um zu verstehen zu geben, daß bei ihrer Erzeugung alle neun beweglichen Himmel im allervollkommensten Verhältnis zueinander standen.«
(Vita Nuova, § 29)

Mit der Frage, ob ein Schriftsteller seiner Zeit lieber Latein oder die »lingua volgare« schreiben sollte, hat sich Dante sodann in seinem nächsten Werk befaßt: De vulgari eloquentia. Die Überschrift ist sichtbar lateinisch, auch der

Der Schriftsteller

gesamte Text, aber jetzt erhebt Dante, ausgesprochen revolutionär und zukunftsweisend, das Italienische zur Literatursprache, genauer: das heimische Toskanisch und nicht etwa einen der anderen dreizehn Dialekte Italiens.

Noch größeres Aufsehen, ja einen gewissen Skandal erreichte er mit seinem Manifest DE MONARCHIA, das er der internationalen Wirkung zuliebe gleichfalls lateinisch schrieb. Hier redete – jedenfalls nach der Meinung des Papsttums – ein erklärter Staatsfeind.

Von außen betrachtet ist das Werk ein politisches Glaubensbekenntnis, eine fast ins Göttliche gesteigerte Kaiserverehrung. Dante muß zu diesem Zweck dem Herrscher so unglaublich viele und hohe Tugenden zuschreiben, daß man ihm den Vorwurf der Realitätsferne nicht ersparen kann. Ein derart guter Herrscher ist schlechterdings undenkbar. Und doch: In der Idee der Friedensherrschaft eines »Weltkaisers« zeichnet sich bereits die Utopie vom »Weltfrieden« ab, die erst Jahrhunderte später ausgearbeitet werden sollte. Zeitgenössischen Anstoß erregte aber etwas anderes, noch Weiterblickendes: die geforderte Arbeitsteilung zwischen Kaiser und Papst; anders gesagt, die Trennung von Kirche und Staat. Das hat nun ganz und gar nichts Mittelalterliches mehr an sich, hier betritt Dante die Neuzeit, hier beschwört er, wie wir heute sagen würden, die selbstgestaltete Zivilgesellschaft. Oder, wie es der große Romanist Karl Vossler ausdrückte: »So hebt sich ein ethischer, humaner und moderner Gesellschaftsbegriff aus Dantes mittelalterlicher Staatslehre empor, dem nur äußerlich noch die geborstenen Eierschalen der Theokratie und des Junkertums anhaften.«

Mit der MONARCHIA hatte sich Dante noch einmal, wahrscheinlich kurz vor seiner Enttäuschung über Heinrich VII. (also vielleicht um 1310), in die große Politik eingemischt und mit der geballten Kraft seiner brisanten Überzeugung seine Stellung markiert. Die Kirche erkannte mit untrüglichem Gespür die ihr drohende Gefahr: Noch acht Jahre nach dem Tod des Verfassers wurde in Rom eine Handschrift der MONARCHIA öffentlich verbrannt. Aber die Wirkung des Manifests war nicht mehr aufzuhalten. Sie reicht sogar bis ins 19. Jahrhundert hinein, als sich die Vorkämpfer der Einigung Italiens auf die MONARCHIA beriefen – verwunderlich, da Italien für Dante keinerlei staatliche Einheit besaß, sondern höchstens eine sprachliche Unterregion des Kaiserreichs sein konnte.

Die Göttliche Komödie

Das CONVIVIO und die ELOQUENTIA sind Fragmente geblieben; der Autor hat sie nicht zu Ende gebracht, sondern ab etwa 1307 lieber weiter an seinem Hauptwerk gearbeitet, der COMEDIA (das Beiwort »Divina«, »göttlich«, ist spätere Zutat in einem Druck von 1555, ein bloßer Ehrentitel, der mit dem Inhalt nichts zu tun hat). Und Dante schrieb, in der »hohen« Dichtung eine kühne Neuheit trotz der vorhergehenden ELOQUENTIA, Zeile für Zeile italienisch, die Sprache des Volkes.

Im Rückblick meint man zu erkennen, daß all seine bisherigen Produktionen, in einem tieferen Sinn ja auch seine ganze Biographie, eine einzige Vorbereitung auf die COMEDIA waren, Fingerübungen für das Lebenswerk. Er hat sie seit etwa 1307 gewissermaßen in einem Stück niedergeschrieben. Auch der mißtrauische Forscherblick kann darin keinen Einschnitt entdecken, keine Formschwankung, keinen Stilbruch. Den letzten Gesang oder Canto brachte der Autor in seinem Todesjahr zu Papier.

Die Göttliche Komödie

In erschreckender Größe steht die Dichtung nun vor uns, faszinierend, aber unerklärlich in ihrer Vollkommenheit, zeitlos und unzerstörbar, ernst und dunkel wie eine Kathedrale, eine ganze Welt, nein: ein Universum aus hundert Cantos und 14 233 Verszeilen, angefüllt mit einem erdrückenden Personal: Mindestens sechshundert Menschen treten darin namentlich auf (und viele sonst Unbekannte sind dadurch erst berühmt geworden), wobei die vielen Tausende, die die Massenszenen bevölkern, gar nicht mitgezählt sind. Eine nie überbotene Horrorvision und der unendliche Traum vom Glück. Immer wieder anders deutbar und doch beharrlich rätselhaft: Noch heute mühen sich die Gelehrten mit Detail-Erklärungen ab. Ein Kunstwerk, das alle gewohnten Gattungen sprengt: kein Lied, kein Epos, kein Roman; da rettet sich die ratlose Wissenschaft dann gern in den sonderbaren Hilfsbegriff »episches Gedicht«.

Darüber hinaus zeigt uns die Dichtung ein bahnbrechendes Charakteristikum Dantes: den kühnen Griff in die Zeitgeschichte. Rom und Florenz, der Kampf der Städte, Kaiser und Papst, Bankiers und Grafen, alle Prominenten seiner Epoche sind in der COMEDIA versammelt, am zahlreichsten in der Hölle. Den dadurch verursachten »Enthüllungsskandal« können wir uns heute kaum noch vorstellen.

Und noch eine Einzigartigkeit: Die italienische Literatur beginnt überhaupt erst hier, und zwar ohne jede Vorbereitung gleich mit einem unglaublichen Meisterstück. Niemals mehr hat sie diese Höhe und Vollendung erreicht.

Kurz: Die COMEDIA ist der typische Fall eines Buches, das jeder – und sei es widerwillig – bewundert, aber kaum einer liest.

Der »rechte Weg«

Der Beginn der Reise: die Hölle

»Nel mezzo del cammin di nostra vita« – in der Mitte unseres Lebensweges: Mit dieser genauen Zeitbestimmung fängt das Gedicht an. Biblisch zählt die Dauer eines Menschenlebens siebzig Jahre; der Erzähler Dante ist demnach 35 Jahre alt, das heißt, wir sind im Jahr 1300. Hier also,

> »Grad in der Mitte unsrer Lebensreise
> Befand ich mich in einem dunklen Walde,
> Weil ich den rechten Weg verloren hatte.«

Wir ahnen natürlich, daß er sich nicht einfach beim Abendspaziergang verlaufen hat, sondern daß der »rechte Weg« der authentische Lebensweg selbst ist und der »dunkle Wald« eine tiefergehende Verdüsterung. Dante wird von einer existentiellen Angst überfallen, die wir heute mit dem Schrumpfbegriff »Midlife-crisis« bezeichnen. Schon stürzen aus dem Wald ein Panther, ein Löwe und eine »lüsterne« Wölfin auf ihn zu, da sieht er die Gestalt eines Mannes und ruft ihn um Hilfe an. Der Mann stellt sich ihm feierlich als Virgil vor, rät ihm zu einem »andern Weg« und bietet sich selbst als Reiseführer an.

Im nun gemeinsamen Weitergehen erläutert Virgil, daß niemand anderer als die himmlische Beatrice ihn zu Dante geschickt habe, um diesem aus seiner Verirrung herauszuhelfen. Von hier aus wird er im wahren Sinn des Wortes durch die Hölle gehen.

Technische Hinweise: In der folgenden Inhaltsangabe ist mit »Dante« immer die Hauptfigur der COMEDIA bezeichnet, der Autor Dante wird stets nur »Autor« genannt. Bei Zitatangaben werden die international üblichen Abkürzungen »Inf.« (Inferno), »Purg.« (Purgatorio, Läuterungsberg) und »Par.« (Paradiso) verwendet, die römischen Zahlen danach nennen die Nummer des Gesangs (Beispiel: Par. XXXIII); nur in Ausnahmefällen folgt noch eine arabische Zahl für die Zeilennummer (zum Beispiel Inf. XVI,128). Zitiert wird nach der leicht zugänglichen Reclam-Ausgabe mit der Übersetzung von Hermann Gmelin. Durchweg wird das Werk mit seinem Originaltitel in der frühen Schreibweise COMEDIA genannt.

Paolo und Francesca

Sie kommen an ein riesiges Tor, über dem Dante die – seitdem bis zur Unkenntlichkeit zitierten – Worte entziffert: »Die ihr hier eintretet, laßt alle Hoffnung fahren« (Inf. III). Hinter dem Tor wird es schlagartig dunkel, eine undurchdringliche, farb- und konturenlose Finsternis, mit der die Hölle von der Welt der Menschen wie isoliert erscheint. Das anonyme Geheul aus dieser Dunkelheit, ein unaufhörliches, chaotisches Stöhnen, Lallen, Ächzen, Kreischen in allen Sprachen, kommt von den Gleichgültigen, die »ohne Lob und ohne Schande« gelebt haben. Dieses gesichtslose Reich der Halbheit bildet eine Art Übergang zur Vorhölle. Plötzlich bricht ein roter Feuerstrahl aus der Erde, Dante fällt in Ohnmacht (das wird ihm hier unten noch öfter passieren) und wacht, von einem Donnerschlag geweckt, im ersten Kreis der Hölle wieder auf.

Es ist eher ruhig, nur ein schwebendes Seufzen ist zu hören. In diesem Kreis ist normalerweise Virgil zu Hause,

Der »rechte Weg«

er kennt sich also aus und erzählt Dante in aller theologischen Breite (Inf. IV), wo sie sich befinden. Sie sind im sogenannten Limbus, einer klugen kirchenhistorischen Konstruktion. Der Limbus ist nämlich der Jenseitsort, aus dem Christus, »abgestiegen zu der Hölle«, die guten Menschen des Alten Testaments erlöst hat und an dem sich bis zum Jüngsten Gericht noch jetzt die späteren Seelen schuldloser, freilich ungetauft gestorbener Kinder aufhalten.

Hier trifft Dante nun aber auch die Dichterfürsten des Altertums: Homer, Horaz und Ovid und andere große Namen wie Sokrates und Platon, Aristoteles und Caesar (daß der Dichter auch den Sultan Saladin und den arabischen Ketzerphilosophen Averroes im Limbus untergebracht hat, wurde ihm schon früh als beispielhafte Toleranz nachgerühmt).

Von diesem weitgehend schmerzfreien, fast antiken Elysium geht es den Trichter hinunter in den zweiten Kreis und in die eigentliche Hölle. Was hier bestraft wird, ist die sinnlose Wollust. Ein furchtbarer Sturmwind peitscht die Sünder in ewigen Spiralen durch die Luft: Semiramis, die nach dem Inzest mit ihrem Sohn das Strafrecht zu ihren Gunsten änderte, aber auch Kleopatra, Helena, die Dido des Aeneas, Tristan und Isolde, aber vor allem Paolo und Francesca.

Diese Skandalgeschichte war den Zeitgenossen sicher bekannt, wir jedoch kennen sie nur noch aus Dantes Text. Francesca war das betrogene Opfer einer politischen Heirat, mit der die alte Feindschaft zwischen Ravenna und Rimini beigelegt werden sollte. Dummerweise war der vorgesehene Gatte Giancotto Malatesta so häßlich, daß an seiner Stelle sein gutaussehender Bruder Paolo der schönen Francesca den Hof machte, und sie verlobte sich mit ihm. Erst bei der Heirat, als es schon zu spät war, steckte ihr

Paolo und Francesca

Selbst für die Lektüre einer Kompaktversion der COMEDIA sind einige Hinweise zu Form und Inhalt nützlich. In dem genauen Hundert der COMEDIA-Gesänge erkennen wir bei Dantes Hang zur Symbolik ohne weiteres eine ganz besondere Zahl: Sie bildet sich natürlich aus einem Gesang Einleitung und je 33 Cantos für die Hölle, den Läuterungsberg und das Paradies. Alle drei Jenseitsbereiche bereist der Ich-Erzähler, der sich Dante nennt, anfangs von seinem großen Dichter-Vorbild Vergil geführt (bei Dante antikisierend: Virgil), später im Paradies von Beatrice.

Zum Wanderweg: Die Hölle befindet sich im Innern der Erde. Ihre neun »Kreise« liegen wie Terrassen untereinander an der Innenseite eines tiefen Trichters, der durch die Wucht von Luzifers Sturz aus dem Himmel entstand. Das dabei ausgehobene Erdreich hat sich oberirdisch zum Läuterungsberg aufgetürmt, der wieder aus insgesamt neun Terrassenstufen besteht. Aus den zehn alles umschließenden Himmeln darüber bildet sich das Paradies.

Zur Versform: Die COMEDIA ist in sogenannten Terzinen gereimt, einer Reimform, die Dante selbst dafür geschaffen hat. Die Terzine heißt deshalb so, weil immer drei Zeilen zusammengehören. Die erste und die dritte Zeile reimen sich, die zweite jedoch führt an ihrem Ende ein neues Wort ein, das sodann als Reimwort in die nächste Dreiergruppe aufgenommen wird, wieder mit einem neuen Endwort am Ende der zweiten Zeile und so weiter (als Schema dargestellt: aba bcb cdc ...). Die Terzine gewinnt damit einen äußerst wirkungsvollen Effekt. Sie ist spürbar dynamisch, drängt unaufhaltsam weiter und weiter und macht – durch das jeweils neue Endwort der Mittelzeile – dauernd neugierig darauf, wie es weitergeht: die ideale Reimform für eine Wanderung.

plötzlich Giancotto den Ring an den Finger. Natürlich liebte Paolo seine nunmehrige Schwägerin nur um so leidenschaftlicher. Die Liaison wurde Giancotto verraten, er überraschte die beiden und durchbohrte mit einem Degenstich Bruder und Frau.

Eine derart umständliche Erläuterung hatten die frühen Leser der COMEDIA nicht nötig, also konnte sich der Dichter sofort mit der liebenden Frau befassen. So groß ist diese Liebe, so unwiderstehlich, daß sie nicht einfach nur zum Grund für Francescas Strafe wird, sondern gleichzeitig zu ihrem Lohn: Vereint mit Paolo zieht sie nun ihre ewigen Kreise im Wind. Francescas Erzählung, während Paolo weinend im Hintergrund verharrt, ist eine der ergreifendsten Stellen des ganzen Gedichts (Inf. V):

> »Wir lasen eines Tages zum Vergnügen
> Von Lancelot, wie ihn die Liebe drängte;
> Alleine waren wir und unverdächtig.
> Mehrmals ließ unsre Augen schon verwirren
> Dies Buch und unser Angesicht erblassen,
> Doch eine Stelle hat uns überwältigt.
> Als wir gelesen, daß in seiner Liebe
> Er das ersehnte Antlitz küssen mußte,
> Hat dieser, der mich niemals wird verlassen,
> Mich auf den Mund geküßt mit tiefem Beben.
> Verführer war das Buch und der's geschrieben.
> An jenem Tage lasen wir nicht weiter.«

Nach diesen Worten sinkt Francesca wieder zurück in die Nacht, in den Sturm, zu ihrem Geliebten.

Und Dante? Auch ihm, dem hilflos Mitleidenden, dreht sich alles, seine Sinne trüben sich »wie beim Tod«, und er fällt ohnmächtig zu Boden. Und wir, die Leser? Francesca mag gesündigt haben, aber in diesen wenigen Verszeilen hat der Dichter sie uns für alle Zeit unsterblich gemacht.

Die Eroberung einer Stadt

Kaum ist Dante wieder zu sich gekommen, geht es weiter in den dritten Höllenkreis, in einen schmutzigen, schwarzen, kalten Hagelregen. Sein Wasser sammelt sich zu fauligen Tümpeln, in denen die Sünder sich gegenseitig unaufhörlich beißen und zerfleischen: Es sind die Freßsäcke, die Säufer und Schlemmer. Virgil und Dante gehen über die geschundenen Körper wie auf Trittsteinen durch den Sumpf.

Einer, ein gewisser Ciacco, der in den eigenen Exkrementen sitzt, erhebt sich, und Dante fragt ihn nach dem künftigen Schicksal von Florenz: »Hochmut, Neid und Habsucht«, lautet die düstere Auskunft. Nur zwei gute Menschen gebe es in der Stadt, und wir können uns denken, daß einer von ihnen Dante selbst ist.

Im vierten Kreis büßen die Geizigen und Verschwender, unter ihnen auffallend viele Geistliche, die schreiend irgendwelche schweren Gewichte hin- und herwälzen müssen. Der Kreis wird bewacht von dem Höllenhund Pluto. Er schleudert den Wanderern die merkwürdigen Worte entgegen: »Pape Satan, pape Satan Aleppe!« Noch heute rätseln die Experten, was das heißen soll. Ist das ein verballhorntes Hebräisch? Sinnloses Kauderwelsch? Oder gar, wie Benvenuto Cellini meinte, ein halbverstandener Satz aus einer französischen Gerichtsverhandlung (siehe nächste Seite)?

Gleich danach stehen Virgil und Dante an einem Fluß, dem Styx der antiken Unterwelt, der für sich allein den fünften Kreis bildet. Während der Überfahrt taucht Argenti, ein ganz persönlicher Feind des Dichters, aus dem Wasser und hält sich am Boot fest. Und da lernen wir auch einmal den harten, unversöhnlichen Dante kennen. Hören wir ihn selbst (Inf. VIII):

Der »rechte Weg«

> »Und bald darauf hab ich gesehn, wie jenen
> Die schmutzigen Leute übel zugerichtet,
> Wofür ich Gott noch heute lob' und preise.«

Aber solch ungnädiger Trotz vergeht ihm sofort, als am anderen Styx-Ufer der sechste Kreis auftaucht, eine befestigte Stadt, deren sämtliche Mauern und Zinnen mit tausend Teufeln besetzt sind. Sie wollen nur Virgil hereinlassen, nicht den noch lebenden Dante. Unter dem halbgeöffneten Tor verhandelt Virgil mit ihnen, aber umsonst, und mit

»Pape Satan, Pape Satan Aleppe«:

Es gibt einige Erklärungen dieser rätselhaften Zeile, aber die von Benvenuto Cellini (1500 – 1571) ist sicher die komischste. In seinen Memoiren beschreibt er eine Gerichtsverhandlung in Paris, die er von der Galerie aus verfolgte: Ich beugte mich ein paarmal hinunter, um das Geschehen zu beobachten. Ich hörte, wie der Richter, als er zwei Herren erblickte, die der Verhandlung zuhören wollten und die der Saalwächter davon abzuhalten versuchte, die folgenden Worte sprach: »Ruhe, Ruhe, Satan, raus hier und störe uns nicht länger!« Die Ausdrücke lauteten: »Paix, paix, Satan, allez, paix!« Da ich zu dieser Zeit die französische Sprache bereits gründlich erlernt hatte, erinnerte ich mich bei diesen Worten an das, was Dante sagt, als er mit seinem Führer Virgil die Pforten der Hölle betritt; denn Dante und der Maler Giotto waren zusammen in Frankreich gewesen und hatten mit besonderer Aufmerksamkeit Paris besucht, wo der Gerichtshof vermutlich als Hölle bezeichnet werden kann. Daher kommt es also, daß Dante, der ebenfalls das Französische perfekt beherrschte, diesen Ausdruck benützte; und ich war immer wieder überrascht, daß man ihn niemals in diesem Sinn verstanden hat.

Die Eroberung einer Stadt

lautem Krachen schließt sich das Tor wieder. Dann erscheinen oben auf dem Turm zu allem Überfluß auch noch die griechischen Rachegöttinnen, die Erynnien, zusammen mit der Medusa, deren Anblick jeden Sterblichen zur Steinsäule macht. Geistesgegenwärtig hält Virgil seinem Schützling die Hand vor die Augen. Unter den Mauern der Teufelsstadt scheint also die Wanderung an ihr frühes Ende gekommen.

Da führt der Dichter einen dramatisierenden, wenn auch theologisch bedenklichen Kunstgriff ein: Der Himmel selbst interveniert in der Hölle. Mit allen akustischen Theatertricks (Dante kann ja momentan nichts mehr sehen) beginnt der Auftritt: ein Getöse, daß die Erde bebt, ein rauschender Sturm, der ganze Wälder niederlegen könnte. Und als Dante wieder schauen darf, sieht er einen – ja was? – einen »Dunst«, eine zornige »Staubwolke«, die trockenen Fußes über den Styx daherkommt und einfach in die verbarrikadierte Stadt hineingeht, als stünden alle Tore offen.

Wer hier den Wanderern zu Hilfe kommt, ist offenkundig ein himmlischer Gesandter, ein Engel. Was soll uns das sagen? Daß auch die Hölle nicht sicher ist vor dem Durchgriff der göttlichen Macht? Vielleicht war dem Dichter klar, daß er sich hier auf dogmatisch dünnem Eis bewegte; jedenfalls fügte er einen Hinweis auf die tiefere Bedeutung dieser Szene ein (Inf. IX). Aber das Ganze bleibt doch rätselhaft – selbst für Vollzeit-Esoteriker, die neben manch anderem natürlich auch die COMEDIA immer wieder als Kristallkugel für allerlei Weissagungen hernehmen.

Als die Wanderer nun die Stadt betreten, finden sie sie praktisch leer. Vor ihnen liegt ein offenes Feld, das weithin mit Flammengräbern bedeckt ist. In den brennenden Särgen liegen die Ketzer, besser: die areligiösen »Aufgeklärten«, die an keine Unsterblichkeit glauben. Unter ihnen ist auch Kaiser Friedrich II.; man hielt ihn nämlich – bei allen Verdiensten um das Römische Reich – für den Autor eines lästerlichen Buches, in dem Moses, Jesus und Mohammed als »die drei Betrüger« beschrieben werden.

In einem der Gräber steht halbhoch ein Landsmann Dantes, der Ghibelline Farinata, einer der wenigen ehrenwerten, selbstbewußten Charaktere in der Hölle. So ergibt sich zwischen den früheren Gegnern ein fast zivilisiertes Gespräch. Als Papstgegner fühlt sich Dante ihm eigentlich nahe, andererseits hatten die Ghibellinen zweimal Dantes Partei, die Guelfen, aus Florenz hinausgeworfen. Jedesmal aber kehrten die Vertriebenen siegreich zurück, und die Ghibellinen mußten schließlich endgültig draußen bleiben, weshalb Dante ihm den spöttischen, etwas kleinlichen Satz hinwirft, ihnen sei die Rückkehr in die Stadt nicht gelungen: »Den Eurigen blieb diese Kunst verschlossen.« Er muß sich dann aber von dem Nachbartoten sagen lassen, daß Dante die Schwierigkeit dieser Kunst bald selbst erfahren werde (und das trifft dann ja auch ein: 1302 wird der Dichter für immer aus Florenz verbannt).

Der blutende Strauch

An dieser Stelle (Inf. XI) tritt unvermittelt jene Pedanterie ein, die die COMEDIA manchmal so gefürchtet, ja unlesbar macht: ein umfänglicher theologischer Exkurs. Der tatsächliche Leser muß sich durch ein paar solcher Religionsstunden durchbeißen, besonders später im Paradies; dort wird die schöne Beatrice, statt Dante weiter durch die Reigen seliger Geister ins Licht zu führen, immer wieder mal zur Oberlehrerin. In den atemlos dichten, dramatischen Bildern der Höllenszenerie empfindet man die trok-

Der blutende Strauch

Termine und Zahlen

Karfreitag, 8. April 1300, abends: Beginn der Wanderung
Ostersonntag, morgens: Ankunft am Purgatorium
Mittwoch oder Donnerstag nach Ostern: Eintritt ins Paradies

Dante im Inferno
- trifft 128 namentlich genannte Sünder,
- er spricht mit 37 von ihnen,
- begegnet 35 Monstern,
- unternimmt zwei Bootsfahrten,
- reitet zweimal und
- fällt zweimal in Ohnmacht.

Die kürzesten Gesänge sind
- im Inferno: VI und XI (je 115 Zeilen),
- im Purgatorio: II und XXIII (je 133 Zeilen)
- im Paradiso III: (130 Zeilen);
die längsten
- im Inferno: XXXIII (157 Zeilen),
- im Purgatorio: XXXII (160 Zeilen),
- im Paradiso: XVI, XXII und XXIV (je 154 Zeilen).

kene Vorlesung als besonders lästig. Zur dramaturgischen Entschuldigung dient vielleicht, daß wir uns jetzt, am Übergang von der oberen zur unteren Hölle, wie in einem guten Actionfilm eine Verschnauf- und Orientierungspause gönnen dürfen.

Wie auch immer. Jedenfalls erläutert Virgil seinem Begleiter zunächst erst einmal die genaue Abstufung der bisherigen und noch kommenden Sündenstrafen. Die Unterweisung nimmt durchaus die Form des scholastischen Lehrdialogs an: Dante fragt und Virgil antwortet. Fleißige

Der »rechte Weg«

Literaturwissenschaftler haben festgestellt, daß die Reime dieses Abschnitts keine lieblichen sind wie bei Francescas Geschichte, auch keine zischend schroffen wie bei den Teufeln auf der Mauer, sondern etwas holprige, gewissermaßen prosaische Reime. Statt dem Dichter aber einen Vorwurf daraus zu machen, sollten wir eher das Können bewundern, mit dem er die Reime je nach dem Inhalt der Szene variiert.

Der folgende Höllenkreis, der siebte, teilt sich in drei Ringe. Den ersten (die politischen Gewalttäter) bewacht der Minotaurus, das kretische Stierungeheuer, das alljährlich eine Jungfrau zur Beschwichtigung und zum Fraß verlangt. Am Ufer eines kochendheißen Blutstroms galoppieren riesige Zentauren auf und ab und schießen jedem Sünder, der aus dem Sud heraus will, einen Pfeil in die Brust. Einer der Zentauren trägt auf seinem Rücken Dante durch die brodelnde Flut. Am anderen Ufer, bei den Selbstmördern und Spielern im zweiten Ring, ändert sich die Kulisse abermals: Dante ist in einem finsteren, weglosen Dornenwald (Inf. XIII). Kein menschliches Wesen ist zu sehen, aber wie von jemandem, der sich hinter den Büschen versteckt, hört er ein unaufhörliches Jammern und Klagen. Virgil lädt ihn zu einem Experiment ein: Dante soll einen Zweig abbrechen. Woraufhin der Strauch zu ihm spricht: »Warum mich zerreißen? Kannst du denn gar kein Mitleid mit mir haben?« Dante erschrickt und sieht sich den blutroten Stumpf an, geradezu pyrotechnisch genau:

> »So wie aus einem grünen Zweig beim Brennen
> Des einen Endes der am andern seufzet
> Und zischelt von dem ausgeströmten Dampfe,
> So kam zu gleicher Zeit aus diesem Splitter
> Blut und die Worte; drum ließ ich die Spitze
> Zu Boden fallen und blieb starr vor Schrecken.«

Der blutende Strauch

Es ist der ehemalige Reichskanzler Friedrichs II., der in den Busch verwandelt wurde und so zu ihm spricht, aber noch immer in Stolz und Würde. Zu Unrecht von seinem Herrn eingekerkert, beendete er einst sein Leben selbst, weil man an seiner Ehre zweifelte.

Im dritten Ring begegnet Dante den Gotteslästerern. Durch dauerndes Herumlaufen versuchen sie, einen Regen aus Feuerflocken auszutreten, der langsam und unerbittlich auf den Boden fällt (Inf. XIV). Und hier, nur ein paar Schritte weiter im glühenden Sand, leiden nun auch die Homosexuellen für ihre Sünde, die in der COMEDIA Sodomie heißt. Die Verbannung der Sodomiten in die Hölle braucht einen kurzen Kommentar.

Schon die frühen Kommentatoren fragten sich: War der Dichter hier besonders tolerant, weil er diese Sünder nicht in einen noch tieferen, schlimmeren Höllenkreis steckte? Oder gerade umgekehrt: gehässig, da er sie ja ebensogut weiter oben plazieren konnte? Haben wir an dieser Stelle also den mitleidenden oder den unbarmherzigen Dante vor uns?

Die moderne Antwort lautet: Wir haben hier einen ganz anderen, nämlich den politisch engagierten Schriftsteller. Die nächsten drei Gesänge (Inf. XV bis XVII) befassen sich nämlich überhaupt nicht mit der im Mittelalter unbezweifelten »Widernatürlichkeit« der Sodomiten, sondern mit ihren politischen Untaten, und das geschieht ausgiebig, unverschlüsselt und detailliert. Die Personen, die Dante hier versammelt, sind überwiegend gelehrte Ratgeber, Staatsmänner und Feldherren. Die Sodomiten sind für den Dichter, so seltsam es für uns klingen mag, Verbrecher gegen den Staat. Er wirft ihnen nicht so sehr vor, daß sie ihre Lust befriedigten, als daß sie darüber ihre Pflichten für das Gemeinwohl vergaßen.

Der »rechte Weg«

Zu Anfang führt Dante eine ausgesprochen warmherzige Unterhaltung mit seinem alten Florentiner Lehrer, dem Notar und Staatsmann Brunetto Latini. Er ist neben Farinata der einzige Höllengast, den Dante mit dem ehrenvollen »Ihr« anredet. Der frühere Schüler, jetzt ein anerkannter Dichter, steht oben auf einem Damm, der Professor gedemütigt unter ihm im Sand, aber Dante überwindet die als falsch empfundene Hierarchie, indem er sich freundlich zu ihm hinunterbeugt. Brunetti sagt Unheil für die Stadt voraus, aber höchsten Ruhm für den Dichter.

Auch das folgende Gespräch mit drei bekannten Florentiner Zeitgenossen dreht sich ausschließlich um das politische Schicksal der Stadt. Wobei wir hier, nebenbei, einen ziemlich fremdenfeindlichen Dante kennenlernen, der alles Unglück seiner Gegenwart auf die ungebremste Zuwanderung der Stadtfremden zurückführt: Nur sie, die plebejischen Nicht-Florentiner hätten die politischen Sitten verdorben.

Und dann nimmt sich der Dichter die Wirtschaftspolitik vor, die habgierigen Bankiers seiner Vaterstadt. Die nackten Gestalten, die sich in ihrem grotesken Veitstanz mal vor den fallenden Flammen, mal vor dem heißen Sand zu schützen versuchen, tragen Taschen um den Hals, die mit wünschenswerter Präzision als Geldsäcke beschrieben sind. Jede Tasche ist bemalt: mit einem blauen Löwen, einer weißen Gans oder einer »dicken blauen Sau« auf weißem Grund. Und jeder COMEDIA-Leser von damals wußte sofort, welche Banken mit diesen Wappen gemeint waren.

Auch in den nächsten zwei Kreisen der Hölle betreibt der Dichter die engagierte, zeitgeschichtliche Verdammung. Der achte Kreis enthält die »Betrüger«, und um wirklich alle Spielarten des Betrugs unterzubringen, ist dieser Kreis in nicht weniger als zehn verschiedene Gräben eingeteilt. Im neunten und letzten Kreis sind dann die Landesverräter gefangen. Tiefer in der Hölle, in ihrem Zentrum, steckt nur noch Satan höchstpersönlich.

Die Malebolge

Ein unheimliches, immer lauteres Hintergrundrauschen begleitet die Gespräche der letzten Szenen. Es kommt von dem Blutstrom, der an einer plötzlichen Felskante als Wasserfall ins Bodenlose stürzt. Einen Augenblick lang scheint das Weitergehen unmöglich. Da erscheint aus dem Abgrund ein riesiger bunter Drache, der Geryon, ein Zwitter aus Mensch und Schlange. Virgil und der vor Angst heisere Dante steigen auf seinen mächtigen Hals, halten sich zitternd an ihm fest, und der Geryon fliegt mit ihnen in die Tiefe. Es ist so dunkel, daß Dante nur am Gegenwind spürt, wie der Drache langsam durch die Luft schwimmt und kreist und sinkt. Einmal steckt Dante vorwitzig den Kopf hinaus, sieht Feuer, hört ein Brüllen, daß ihm der Atem stockt, und klammert sich nur um so ängstlicher an. Endlich setzt der Flugdrache seine Passagiere am Fuß des blutroten Wasserfalls ab. Jetzt sind sie im achten Kreis angekommen.

Er bildet die weiteste Terrasse im Trichter, ein flaches Felsgelände, eisengrau, »ganz aus Stein« gebaut, in lauter ringförmigen Gräben. Dieser Kreis hat einen eigenen Namen, »Malebolge«. In den zehn »bösen Taschen« treibt sich eine nicht mehr zählbare Menge nackter Körper herum, unter ihnen die Zuhälter, Kuppler und Verführer, Schmeichler und Dirnen, bestechliche Priester und Beamte, die falschen Ratgeber der Fürsten, Zwietrachtstifter und Geldfälscher. Die Gräben können die Menge der Ver-

Der »rechte Weg«

dammten kaum noch fassen. Und immer treffender führt der Dichter nun gezielte Schläge gegen die Korruption seiner Zeit, speziell der Kirche. Dantes erregte Rede (Inf. XIX) beginnt mit dem Zauberer Simon Magus, der den frühen Lesern aus der Apostelgeschichte wohlbekannt war; Simon wollte den Aposteln ihre Wunderkraft für Geld abkaufen, was diese jedoch entrüstet ablehnten. Wir hören in den Versen der Anklage eine kaum verhüllte Schandtat heraus, die Vergewaltigung der Kirche durch die Nachfolger der Apostel:

> »O Zaubrer Simon, elendes Gefolge,
> Die ihr die Gaben Gottes, die mit Güte
> Vermählt sein müssen, um Goldes willen
> Und um des Silbers willen habt geschändet!
> Nun soll für euch auch die Trompete blasen,
> Dieweil ihr büßen müßt im dritten Graben.«

Dann aber erst das skandalöse Gespräch mit dem Sünder, der kopfüber in einem Erdloch steckt, während auf seinen zappelnden Fußsohlen rote Flammen züngeln. Es ist Papst Nikolaus III., und er hält Dante für Papst Bonifaz; es ist nicht das erste und nicht das letzte Mal, daß dieser Papst in der Hölle vorkommt, aber erstmals wird Dantes Erzfeind beim Namen genannt. Bonifaz wird dort unten schon erwartet, allerdings erst für später:

> »Hast du das Gut schon so schnell satt bekommen,
> Um dessentwillen du dich nicht gescheut hast,
> Die Schöne zu ergaunern und zu prellen?«

Das ist natürlich eine damals jedem verständliche Anspielung auf den seltsamen Rücktritt Coelestins und Bonifaz' hemmungslose Raffgier. Man muß sich das einmal vorstellen: Der letzte mächtige Papst und Stellvertreter Gottes, in

Die Malebolge

der Oberwelt soeben feierlich beerdigt und jedem in guter Erinnerung, ist hier in der COMEDIA für den – dichterisch: sexuellen – Mißbrauch der schönen »Braut Christi« in die Hölle verbannt. Den Zeitgenossen muß es kalt den Rücken heruntergelaufen sein.

Dieses Erdloch hat es sozusagen in sich. Unter Nikolaus stecken bereits mehrere andere Päpste darin, und jeder neue Papst drückt die vor ihm Angekommenen nur tiefer hinunter in die Röhre. Jetzt steigert sich Dantes Abscheu zur endzeitlichen Strafpredigt. Die Apokalypse des Johannes, sagt er, spricht genau von diesen Hirten, den Bischöfen Roms, die es mit der großen Hure Babylon treiben. Gegen Ende beklagt er die sogenannte Konstantinische Schenkung als die Ursünde der Kirche: Kaiser Konstantin hatte angeblich das weströmische Reich testamentarisch der Kirche vermacht. Die ganze Rede Dantes schwelgt im Bild der pervertierten Liebe; Virgil, die Autoritätsfigur, hört ihm »mit froher Miene« zu und umarmt ihn anerkennend. Es ist die abschließende Bestätigung einer guten und notwendigen Rede.

Gleich darauf verdüstert sich die psychologische Atmosphäre noch einmal. Dante ist von seiner flammenden Ansprache wie erschöpft, und im vierten Graben treiben ihm die Leiden der Sünder die Tränen in die Augen. Was er hier sehen muß, sind falsche Propheten, die mit nach rückwärts gedrehten Köpfen herumlaufen. Aber diesmal weist ihn Virgil zurecht: Mitleid sei jetzt nicht mehr angebracht. Die Bilder der immer schlimmeren Verbrechen versteinern ab jetzt zur trockenen, emotionslosen Beschreibung.

Zuvor erhält der Leser aber eine weitere Probe der durchdachten Dramaturgie der COMEDIA. Um ihn nicht mit einer endlosen Aufzählung von Scheußlichkeiten zu ermüden, hat der Dichter hier (Inf. XXI und XXII) ein komisches Intermezzo vorgesehen, eine Art Lacheinlage. Eine Horde Unterteufel, alle mit kuriosen Namen wie Malacoda (»Schlimmschwanz«) und Alichino (»Schwinghupf«) bezeichnet, turnen über die Dämme zwischen den Gräben, spielen verächtlich mit den Menschen im Sud, fallen auch mal selbst hinein, werden mit viel Geschrei und langen Hakenstangen wieder herausgeholt und ziehen wieder weiter, mit einem kräftigen Furz als Signal zum Abmarsch. Diese Komik ist aber keineswegs heiter, sondern bösartig und zynisch. Der schneidende Hohn gilt den hier versammelten Betrügern; es sind, wie uns an einer Handvoll exemplarisch gezeigt wird, die bestechlichen Beamten, die ihr Amt zur eigenen Bereicherung mißbraucht haben.

Zwei Verwandlungen

Die Anordnung der verschiedenen Formen des Betrugs hat offensichtlich nichts mehr mit der Rangfolge in einem Beichtspiegel zu tun, auch nichts mit der ausgefeilten Abstufung der Sündenschwere, die Thomas von Aquin dem Mittelalter verbindlich vorgezeichnet hatte. Hier bewertet der Dichter den Bruch des Vertrauens auf seine persönliche Art als besonders verwerflich. Dafür spricht auch, daß er sich für die Betrüger-Gräben der Malebolge auch mehr Zeit nimmt als für jede andere Sündenart; ganze dreizehn Gesänge lang hält er sich hier auf, mehr als ein Drittel der gesamten Höllenfahrt.

Es sieht fast so aus, als habe sich der Autor überhaupt nicht mehr an theologischen Zwängen orientiert, sondern an den Strafgesetzen seiner Epoche. Jedenfalls läßt er die Sünder im sechsten Graben, die Heuchler in Amt und Würden, auf eine Weise büßen, die an einen dem Kaiser

Zwei Verwandlungen

Friedrich II. – übrigens zu Unrecht – nachgesagten Strafvollzug anknüpft. Friedrich soll korrupte Sekretäre an seinem Hof in Bleimäntel gesteckt und so verpackt ins Feuer gestellt haben. Genau dasselbe bleierne Mönchsgewand entdeckt Dante an einer im Graben vorbeiziehenden Gruppe, aber schon geht es mitleidlos weiter.

In den nächsten Graben voller Diebe und Räuber. Es sind keine gewöhnlichen Strauchdiebe, sondern allesamt Mitglieder stadtbekannter Familien, Söhne aus gutem Florentiner Hause sozusagen. Sie haben aus Haß auf die geltenden Gesetze gestohlen, und noch hier unten zeigen sie dem Himmel trotzig die obszöne Feige. Zur Strafe sind sie buchstäblich in einer Schlangengrube gefangen. Zischende Nattern sind ihnen unablässig auf den Fersen, fesseln ihnen die Arme auf den Rücken und beißen sie mit Vorliebe in die Weichteile: ins Gesicht, in den Nabel, von hinten zwischen die Schulterblätter. Zwischendurch verbrennt einer zu Asche, aber aus dem Aschenhaufen am Boden wächst gleich darauf der vorherige Menschenkörper wieder heraus.

Und nun erlebt Dante die beiden grausigsten Episoden der Reise. Er ist kaum darauf vorbereitet – und der Leser natürlich auch nicht; der Autor spricht ihn sogar direkt an und meint, er könne verstehen, wenn der Leser das nun folgende unglaublich finde. Uns Heutigen sind solche Szenen aus Science-fiction-Filmen vertraut, aber den Leser des 14. Jahrhunderts muß dabei das kalte Entsetzen gepackt haben.

Denn urplötzlich stürzt sich eine sechsfüßige Schlange von hinten auf einen Menschen und umklammert ihn an den Armen, am Bauch und an den Knien. Ihren Schwanz steckt sie durch ihre Beine hindurch und zieht ihn zwischen den Körpern hoch. Dann beginnen die beiden Wesen seltsam ineinander zu verschmelzen, »wie aus heißem Wachs«,

Der »rechte Weg«

die eben noch verschiedenen Körperfarben verschwimmen, aus den vier Armen oben werden zwei, aus zwei Köpfen einer, bis ein einziges makabres, unsinniges, unnennbares Mischgeschöpf, halb Tier, halb Mensch vor uns steht, ja man kann nicht einmal sagen, ob es nur ein oder vielleicht doch zwei Menschen-Tiere sind.

Aber das ist noch nicht der Höhepunkt.

Selbstbewußt kündet der Dichter nun an, alles bisher Geschriebene, alle möglicherweise ähnlichen Verwandlungen zu überbieten. Ausdrücklich sagt er, selbst Ovid, der große Autor der METAMORPHOSEN, könne hier nicht mehr mitreden, weil der ja lediglich die Verwandlung jeweils eines Menschen in etwas anderes beschrieben habe, »zu einer Schlange, zur Quelle«. Gut und schön, heißt es herablassend neidlos, aber jetzt kommt etwas Neues, nie Dagewesenes: Zwei Lebewesen tauschen ihre Körperformen.

Und wirklich, die Beschreibung ist unerhört. Der ganze Vorgang, eine körperliche Vereinigung und Trennung, ist durchtränkt von perverser Sinnlichkeit und präzise in den anatomischen Details. Die diszplinierte Versform wird fast gesprengt durch die Gewalt der Horrorszene. Das Tier hat den Mann gerade in den Bauch gebissen (Inf. XXV):

»Die Beine und die Schenkel miteinander
Vereinigten sich so, daß ihre Fugen
Nach kurzer Zeit nicht mehr zu sehen waren.
Und der gespaltne Schweif nahm die Gestalt an,
Die dort verlorenging, und seine Hülle
War weich, indessen jene sich verhärtet.
Ich sah die Arme in die Schultern schwinden,
Und sah am Tier sich beide kurzen Füße
So viel verlängern wie beim andern kürzen.
Die Hinterbeine schlossen sich zusammen

Zwei Verwandlungen

Und bildeten das Glied, das man verheimlicht,
Und das des Sünders teilte sich in zwei.
Indes der Rauch sie beide noch umhüllte
Mit neuer Farbe, schuf er einem oben
Das Haar und ließ beim andern es verschwinden.
Sie sahn sich ständig in die bösen Augen,
Indem sie drunter die Gesichter tauschten.
Der Aufgestandne zog es nach den Schläfen,
Und aus des Stoffes Überflusse formten
Die Ohren sich, indes die Backen schwanden.
Was nicht nach hinten rutschte, sondern anhielt,
Daraus entstand die Nase im Gesichte,
Und auch die Lippen schwollen, soweit nötig.
Doch der am Boden lag, schob seine Schnauze
Nach vorn und zog in seinen Kopf die Ohren,
So, wie die Schnecke ihre Hörner einzieht.
Die Zunge, die noch ganz und gut zum Reden
Zuvor gewesen, teilte sich, beim andern
Schloß die Geteilte sich; der Rauch verzog sich.«

Schon Karl Vossler hatte diese Szene »ein unmittelbares, kinematographisches Bild« genannt. Hier kam es tatsächlich nicht auf poetische Ausschmückung an, sondern auf äußerste Präzision, auf die technische Genauigkeit der anatomischen Vorgänge. Alles in dieser Verwandlung geschieht mit photographischer Direktheit sozusagen unmittelbar vor unseren Augen, aus nächster Nähe beobachtet.

Erschreckend langsam und deutlich sehen wir alle Körperteile einzeln schrumpfen und wachsen, beim einen allmählich hervortreten, beim anderen verschwinden – ein perverses Ballett fleischlicher Trennung und Vereinigung oder, noch moderner ausgedrückt: ein wechselseitiger Identitätsverlust, die Gefangenschaft in einem fremden Körper.

Der »rechte Weg«

Dante hatte ganz recht mit seiner Behauptung, damit etwas unerhört Neues zu präsentieren. So schonungslos krude, so naturalistisch hatte man bis dahin noch nichts zu lesen bekommen, und selbst die neuesten Morphing-Tricks unserer Horrorvideos haben diese siebenhundert Jahre alte Vorlage nicht übertroffen.

Odysseus oder Wie weit darf man gehen?

Im nächsten Graben, es ist der achte, begegnet Dante einer neuen Spielart des Betrugs im öffentlichen Leben. Es ist nicht mehr die einfache, sozusagen primitive Selbstsucht, sondern die hohe Kunst der politischen Intrige. Hier finden wir keine Handwerker der Lüge, sondern die Experten und Ratgeber mit ihren perfekten Täuschungen. Der für den Autor typische Fall ist Odysseus, der den Trojanischen Krieg mit einem faulen Trick gewinnen half, mit seinem berühmt gewordenen Trojanischen Pferd, in dessen Bauch sich die Griechen versteckten. Der Autor erteilt Odysseus, der in die unklare Form einer gehörnten Flamme eingesperrt ist, das Wort zu einer längeren Selbstdarstellung. Und diese Rede ist merkwürdig.

Der Abenteurer beschuldigt sich zuerst einmal selbst, weil er nach dem Sieg über Troja nicht nach Hause fuhr zum Vater, zum Sohn, zur wartenden Gattin. Statt dessen, sagt er, trieb ihn etwas immer weiter hinaus, um »nach der Welt zu forschen«, aber nicht nur nach ihr, auch ganz philosophisch »nach den Lastern und dem Wert der Menschen«.

Schon hier verschwimmen dem aufmerksamen Leser die Perspektiven ins Weite: Der antike Held wird im Gedicht des Mittelalters zu einem geradezu faustisch-modernen

Odysseus oder Wie weit darf man gehen?

Entdecker. Mit genauen geographischen Angaben, wie auf einer Seekarte, zeichnet Odysseus seine Route nach (»Zur Rechten ließ ich hinter mir Sevilla, Zur Linken hatt ich Ceuta schon verlassen«) und kommt schließlich an die Meerenge von Gibraltar, für die Antike die Grenze der zivilisierten Welt. Und hier spricht er zu seinen Männern so (Inf. XXVI):

»›O Brüder‹, sprach ich, ›die durch hunderttausend
Gefahren hier im Westen angekommen,
An diesem eurem kurzen Lebensabend,
Der unsern wachen Sinnen noch verblieben,
Sollt ihr euch der Erforschung nicht verschließen,
Der Sonne folgend, unbewohnter Länder.
Bedenkt, aus welchem Samen ihr gekommen.
Ihr seid nicht dazu da, zu leben wie die Tiere,
Ihr sollt nach Tugend und nach Wissen streben.‹«

Und dieser Mann, fragt man zwischendurch und unwillkürlich, der so emphatisch von Tugend und Wissen redet (und wirklich kann er seine Gefährten nicht abhalten von der begierigen Weiterfahrt), dieser Mann steckt in der Hölle?

Natürlich kommt es, wie es kommen muß. Fünf Monate lang segeln sie weiter, immer weiter nach Süden, kommen an einen gewaltigen Berg und in einen Strudel, der das Schiff »dreimal mit allen Wassern kreiseln ließ«, dann stürzt es hinab in die Tiefe, und die Wogen schließen sich über den Männern.

Wie sollen wir diese seltsam schillernde Rede verstehen? Dante wußte zwangsläufig noch nichts von Kolumbus, der uns Heutigen bei der Ansprache des Odysseus sofort in den Sinn kommt. Für den Autor, müssen wir vermuten, war der kühne Seemann einfach zu weit gegangen – was uns im

Der »rechte Weg«

Fortgang der Wanderung noch bestätigt wird, denn der Berg, vor dem das Schiff untergeht, stellt sich später als der Läuterungsberg heraus. Odysseus hatte sich also über die dem Menschen gezogene Grenze hinausgewagt, in das Gebiet jenseits der Säulen, die Herkules bei Gibraltar als Markierung aufgestellt hatte. Und dafür, so die mittelalterliche Lesart, wurde er bestraft.

Und trotzdem schrieb der Autor diesem zur Hölle verurteilten Mann eine Rede, die uns auf noch ferne Horizonte vorausblicken läßt. Er ist der einzige in diesem dunklen Inferno, von dem etwas wie ein heiterer Wind ausgeht, ein inneres Leuchten und – die Wertung ist kaum übertrieben – die Helligkeit einer erst geahnten Aufklärung mit ihrem unstillbaren, unbeugsamen Wissensdrang. Tugend und Wissen, ja noch optimistischer: Tugend durch Wissen hatte sich das 18. Jahrhundert auf die Fahne geschrieben, ganz so, als hätte es sich von dieser Rede des Odysseus ebenso begeistern lassen wie die Gefährten auf dem Schiff.

Wir in unserem Jahrhundert haben inzwischen erfahren, daß die Tugend auf diese Weise doch nicht erreichbar ist. Und wir haben erfahren müssen, daß auch der schönste Fortschritt eine Grenze hat, obwohl wir sie dauernd und wissentlich überschreiten und unseren Planeten, wenn wir weiterhin zu weit gehen, in den Untergang treiben, genau wie Odysseus sein Schiff und seine Leute. Hat also der mittelalterliche Dichter vielleicht doch recht, wenn er den Forscher, der alle Warn- und Merkzeichen mißachtet, in den vorletzten Kreis der Hölle verdammt?

Aber selbst mit diesem Gedanken im Sinn bleibt dem Danteschen Odysseus eine Aura der Jugendlichkeit und Zuversicht, der Glaube an die Erfüllung eines Versprechens. Man sieht diesen hoffnungsvollen Menschen nicht recht in den kalten, düsteren Farben der Malebolge.

Odysseus oder Wie weit darf man gehen?

Auch der zweite längere, diesmal eher staatsmännische Dialog, den Dante in diesem Graben führt, läßt dem Sünder eine gewisse innere Größe. Aus seiner quälenden Flammengestalt fleht Guido von Montefeltro, ein oft siegreicher Feldherr der Ghibellinen, den Wanderer um ein Gespräch an. Guido erkundigt sich nach dem politischen Schicksal seiner Heimat, der Romagna, Dante berichtet, und darauf erzählt Guido ihm sein Lebensende. Das verschafft dem Autor wieder eine Gelegenheit zu einem Hieb auf den verhaßten Bonifaz. Guido sollte dem Papst einen guten Rat geben, wie man sich am besten die reichen Colonna unterwerfen könne; als er sich sträubt, spricht ihn Bonifaz schon vorher von einer eventuellen Sünde frei, und darauf verrät Guido ihm zögernd die bis heute gültige Politikerweisheit, viel zu versprechen und wenig zu halten. Obwohl im Kloster gestorben, packt ihn im Tod ein »schwarzer Engel«, ein Teufel natürlich, und der hält ihm das Widersinnige des sündhaften Ratschlags und der gleichzeitigen Reue vor, mit dem eiskalt mephistophelischen Satz: »Du hast wohl nicht gedacht, ich wäre logisch!«

Nun geht es zu den Zwietrachtstiftern im neunten Graben. Der Gesang beginnt mit der Beschwörung eines ungeheuren Bildes, das uns Heutige nach zwei Weltkriegen noch betroffener machen kann als die Leser von damals. Wenn sich, sagt der Autor, die Toten sämtlicher Kriege Apuliens versammeln würden, dazu alle Toten des Trojanischen Krieges und der Punischen Kriege der Römer, und ihre zerrissenen Körperteile herzeigten – das wäre alles nichts gegen das, was er hier sehen muß. In Massen treten ihm die Verstümmelten entgegen, mit gespaltenen Köpfen und Zungen, heraushängenden Gedärmen und abgehackten Nasen und Händen. Unter ihnen ist der Prophet Mohammed, da er den einheitlichen Glauben spaltete, und

47

nach ihm zahlreiche Politgrößen der Vergangenheit, aber auch der florentinischen Gegenwart, die dem Wanderer schauerliche Prophezeihungen über kommendes Unheil entgegenschleudern. Dante kann sich vom Anblick der »zerhackten Schatten« kaum trennen. Virgil muß ihn mit einem Hinweis auf die knappe Zeit, die ihnen noch bleibt, regelrecht weiterziehen zum zehnten Graben, ein chaotisches Spital, in dem die letzten Betrüger hocken: Alchimisten, Testaments- und Geldfälscher. Ihre Strafe ist immerwährende Krankheit, ein Gestank von Eiter und fauligem Blut, und sie kratzen und beißen sich wie rasend, jammern und schreien vor Schmerzen. Dante sieht in ihren falschen Lebensläufen auf der Erde durchaus etwas Gemeinsames, und es überrascht uns jetzt kaum noch, daß auch hier wieder der Politiker spricht: All diese Fälscher haben nämlich den wirtschaftlichen Kredit zerstört, ganz wörtlich also »das Vertrauen«, das wichtigste Element für den Zusammenhalt eines Staatswesens.

Nun liegt nur noch ein Höllenkreis vor ihnen, der neunte und letzte.

Der Menschenfresser

Von fern scheint es Dante, als näherten sie sich einer Reihe von hohen Türmen, und er fragt Virgil sogar nach dem Namen der Stadt. Aber im Näherkommen sieht er, daß die Türme gefesselte Riesen sind, die bis zum Bauch in einem weiten, kreisförmigen Loch stehen. Der einzige Riese mit freien Armen nimmt die Wanderer auf die Hand, bückt sich und setzt sie in der Tiefe ab.

Hier unten ist alles starr wie Glas. Der Boden ist ein einziger Eissee. Virgil mahnt den noch die hohen Wände an-

Der Menschenfresser

staunenden Dante zu vorsichtigen Schritten, »daß du nicht trittst mit deinen Füßen die Köpfe deiner armen, müden Brüder!« Da erst sieht Dante dicht an dicht die Köpfe der bis zum Hals in den gefrorenen See versenkten Sünder. Hier büßen die Verräter, und alle, die uns hier genannt werden, sind wiederum Personen der Zeitgeschichte.

Überraschend erscheint in diesem Gewimmel der Niedrigkeit der vielleicht bekannteste, jedenfalls der beredteste Höllengast: Ugolino della Gherardesca. Er wird sogar etwas erhöht gezeigt, ein Stück über dem Hinterkopf eines anderen. Man muß ein wenig von seiner Lebensgeschichte wissen, um die grausige Szene zu verstehen.

Ugolino war freilich auch Verräter, aber mehr noch war er der Verratene. Er hatte für den Erzbischof Ruggiero degli Ubaldini seine Heimatstadt Pisa den Guelfen ausgeliefert. Ruggiero jedoch warf ihn hinterher mit der Hilfe eines aufgehetzten Pöbels und einer gefälschten Anklage in den Hungerturm, und nicht nur ihn, sondern auch zwei seiner Söhne und zwei Enkel, die zufällig bei ihm waren.

Diesen Menschen trifft Dante gerade dabei, als Ugolino immer wieder den vor ihm im Eis steckenden Kopf gierig im Nacken anfrißt. Dante spricht ihn an. Ugolino, zivilisiert und grausig zugleich, wischt sich den Mund mit den Kopfhaaren vor ihm und nennt Dante höflich seinen Namen, dann auch den des Kopfes unter ihm: Es ist der Erzbischof. Die beiden verbringen die Ewigkeit aneinandergefesselt im Eis.

Der höfliche Ugolino langweilt Dante nicht mit der ihm – und allen zeitgenössischen Lesern – bekannten Pisa-Angelegenheit, sondern kommt gleich auf das Wesentliche zu sprechen, die letzten Tage der Fünf im Hungerturm. Durch die realistischen Details eingestimmt und vorbereitet, sehen wir vermutlich voraus, was jetzt kommt. Das ist

Der »rechte Weg«

also nicht das eigentlich Neue, auch nicht die straffe, geradezu sachliche Knappheit der Erzählung. Das Überraschende ist vielmehr der grandiose Abschluß der Tragödie (Inf. XXXIII):

> »Da biß ich mich vor Schmerz in beide Hände,
> Und jene, welche glaubten, daß aus Hunger
> Ich so getan, sind sogleich aufgestanden
> Und sagten: ›Vater, unser Schmerz wär kleiner,
> Wenn du von uns würdst essen, denn du schenktest
> Dies arme Fleisch uns, du sollst es auch nehmen.‹
> Da war ich still, sie nicht mehr zu betrüben;
> Den und den nächsten Tag schwiegen wir alle.
> Was tatst du dich nicht auf, o harte Erde!
> Als wir zum vierten Tag gekommen waren,
> Warf Gaddo sich mir lang zu meinen Füßen
> Und sprach: ›Mein Vater, kannst du mir nicht helfen?‹
> So starb er, und so wahr du mich hier siehest,
> Sah ich die dreie nacheinander fallen
> Am fünften und am sechsten Tag; ich selber
> Schon blind, begann um sie herumzukriechen.
> Zwei Tage rief ich sie, als sie gestorben;
> Dann war der Hunger stärker als die Trauer.«

Und damit schließt die Erzählung. Die Fortsetzung malt sich in der Phantasie des Lesers von selbst zu Ende, wirkungsvoller und schauderhafter als in jeder denkbaren Schilderung Ugolinos.

Danach geht nun alles ziemlich schnell, fast als hätte der Autor bemerkt, daß er zu sehr in die Breite geraten ist; schließlich ist er schon im Gesang XXXIII und hat, wenn er die Zahlensymbolik einhalten will, nur noch einen übrig, um aus der Hölle wieder herauszukommen. Den eigentlichen Fürsten der Unterwelt sehen wir kaum. Luzifer, einst der schönste Engel des Himmels, steckt zuinnerst im Eis fest und zerfleischt in seinen drei riesigen Mäulern unaufhörlich die in Dantes Augen schlimmsten Verräter Cassius, Brutus und – erwartungsgemäß – Judas. Von der Schönheit Luzifers ist nicht mehr viel übrig, er ist von oben bis unten mit einem Tierfell überzogen. An den Zotteln klettern Virgil und Dante hinunter. Plötzlich aber dreht sich Virgil um 180 Grad, die Füße gegen Dantes Füße, scheint mit einem Mal am Teufel hinaufzuklettern und erklärt Dante: Luzifer steckt genau im Erdmittelpunkt fest, und den haben sie soeben hinter sich gelassen. Es geht also tatsächlich wieder hinauf, irgendwie und geschwind durch einen hohlen Gang bis zur Erdoberfläche. Sie sind sozusagen auf der Südhalbkugel bei den Antipoden angekommen, nur daß für den Autor da keine Menschen wohnen. Statt dessen erhebt sich hier der Läuterungsberg, die zweite Etappe der »anderen Reise«.

Es ist Nacht, aber Dante erblickt nach drei Tagen im Dunkeln endlich wieder ein wenig Licht: »Dann traten wir hinaus und sahn die Sterne.«

Das Purgatorium – ein schwieriges Zwischenreich

In der Hölle herrschen klare Verhältnisse. Wer da hinkommt, weiß, woran er ist, und vom Himmel läßt sich ähnlich Definitives sagen. Andere als diese beiden Jenseitsorte hatten auch die Evangelisten Matthäus und Johannes nicht anzubieten.

Die saubere Zweiteilung wurde jedoch schon recht früh als unbefriedigend empfunden. So schwarzweiß ging es in der Wirklichkeit selten zu. Und ganz in Ordnung schien es ja auch nicht, wenn jemand nach einem Leben der Bosheit

Der »rechte Weg«

zu guter Letzt nur kurz zu bereuen hatte, um sich damit gleich die ewige Seligkeit zu erkaufen. Irgendwie sollte also auch der in letzter Sekunde Reumütige für seine Untaten bezahlen. Wo blieb sonst der moralische Anreiz für die dauerhaft guten Menschen?

Daß es einen eigenen Raum geben müßte, in dem man sich nach dem Tod den endgültigen Eintritt ins Paradies erarbeiten könne, ist eine frühe Vorstellung, die wir schon bei den alten Persern finden. Christlich wurde die Lehre vom »Fegefeuer« vor allem durch Augustinus, der sich dabei immerhin auf 1 Korinther 3,15 stützen konnte, wo Paulus ja für einige Menschen vor die Seligkeit ein ausdrückliches »Feuer« gesetzt hat. Zum Dogma erhoben wurde das Fegefeuer allerdings erst durch das Konzil von Florenz von 1439.

Damit hatte man sich jedoch eine neue Komplikation eingehandelt. Denn jetzt mußte eine Unterscheidung getroffen werden zwischen schweren Sünden, die den reuelosen Sünder geradewegs in die Hölle verdammten, und anderen, von denen er sich im Fegefeuer noch nachträglich reinigen konnte, theologisch gesagt: die Unterscheidung zwischen Todsünden und läßlichen Sünden. Statt einer klaren Himmel-Hölle-Einteilung gab es jetzt die schwierige Abgrenzung des Fegefeuers nach zwei Seiten hin.

Wo überhaupt dieser Reinigungsort lag, erst recht, wie er möglicherweise aussah, blieb jahrhundertelang ziemlich schleierhaft, in der populären Frömmigkeit sogar bis heute. Ganz allgemein stellte sich auch der Gläubige nichts anderes vor als den Himmel oben und die Hölle unten. Aber das Fegefeuer?

Der erste und einzige, der sich über die Lage und die Beschaffenheit dieses Purgatoriums kreative Gedankenbilder machte, war kein Theologe, sondern Dante, ein Dich-

Das Purgatorium – ein schwieriges Zwischenreich

ter. Und für uns ist diese Autorschaft ein angenehmer Glücksfall.

Man muß sich nur einmal vorstellen, das Purgatorium wäre in die Hände eines kleineren Geistes gefallen, der es uns nicht als Dichtung, sondern als Tatsachenbeschreibung geliefert hätte. Dann hätten wir einen zwar theologisch unangreifbaren, aber phantasielosen Wartesaal vor uns, eine Art psychiatrisches Sanatorium mit Beschäftigungstherapie bis zur schließlichen Heilung.

Statt dessen führt uns der Dichter im lyrischen Drama der COMEDIA durch ein geordnetes, aber vielfältig belebtes Gelände zu immer wieder überraschenden Begegnungen mit Menschen, in einer durchgängig spürbaren, vorwärtstreibenden Atmosphäre sehnsüchtiger Erwartung.

Um einen Nachteil kommt hier aber selbst der große Dante nicht herum. Das Inferno war das nackte Chaos, eine lärmende Kakophonie, eine herrlich gruselige Horror-Picture-Show; aber im Purgatorium spielt sich natürlich alles sanfter ab, freundlicher und weniger dramatisch. Dabei liegt die Drohung eines endlosen Hosianna-Singens in der Luft, aber auch die Versuchung, immer wieder mal Zaubertricks vorzuführen, etwa das Schilf, das nach dem Ausreißen sofort wieder nachwächst (Purg. I).

Dante hat jedoch die Gefahr der nur noch mechanischen Wiederholung gesehen und fängt den Spannungsabfall geschickt auf: durch gesteigerte Psychologie, Emotionalität und vor allem durch eine rückhaltlos ehrliche Selbstentblößung. Und doch nimmt die dichterische Ausschmückung hier gelegentlich überhand, werden die symbolischen Anspielungen noch rätselhafter, die Rüge-Monologe länger, die theologischen Belehrungen weitschweifig. Das wird nur derjenige Leser nicht langweilig finden, der sich in das vorangegangene Inferno sozusagen mit Leib und Seele eingelassen hat und wie Dante, der Wanderer, glücklich ist, dieser Finsternis endlich entkommen zu sein und vor sich »den Himmel offen« zu sehen.

Stimmung und Architektur

Im Purgatorium begegnet uns vom ersten Augenblick an eine eigene Stimmung. Das ist – wörtlich und im übertragenen Sinn – der neue Morgen, mit dem ein wolkenloser Tag beginnt. Manchem ist es sicher hilfreich, sich diese heitere, in jeder Hinsicht unschuldige Gemütslage in der Anmutung eines Botticelli-Bildes wie dem FRÜHLING vorzustellen (und ein solches »Blumenmädchen« werden wir hier auch noch kennenlernen).

So spielt denn überhaupt das Licht im Purgatorium eine bestimmende Rolle. Das Inferno war kalt und dunkel, hier ist es hell und warm. Der Aufstieg auf den Läuterungsberg ist nur im Tageslicht möglich, bei Nacht müssen die Wanderer schlafen (in magischen Vollmondnächten wird Dante dann ein paarmal von Traumgesichten heimgesucht, das heißt von seiner eigenen unguten Vergangenheit eingeholt). Immerhin wird der Aufstieg um so leichter und schwereloser, je höher sie kommen. Im Gehen werfen sie gewissermaßen seelischen Ballast ab.

Das Purgatorium ist ein Ort glücklicher Wiederbegegnungen. Dante trifft seine Jugendfreunde wieder, seine Dichterkollegen und endlich auch die geliebte Beatrice. Es gibt keine Feinde mehr: Lächelnd, ohne Vorwurf zeigen die Feldherrn dem Wanderer ihre Wunden aus der letzten Schlacht. Die politischen Gegner sind ausgesöhnt, die im Leben verfeindeten Könige Europas gehen jetzt miteinander ihren Weg, und selbst die von den Bürgerkriegen

Stimmung und Architektur

Italiens auseinandergerissenen Familien sind wieder vereint. Und wenn uns das höllische Inferno den Sinn für Symbolik nicht gänzlich ausgetrieben hat, sehen wir darin bereits im Abbild die erhoffte Vereinigung dieser Menschen mit Gott.

Bei vielen dieser Begegnungen fällt dem Leser eine seltsame Ruhelosigkeit auf: Die meisten hier haben es eilig. Kaum haben sie mit Dante einige Sätze gewechselt, hasten sie schon weiter, als dürften sie keine Minute mit solchen Nebensächlichkeiten vertun. Was wir daran beobachten können, ist die geänderte Bedeutung der Zeit.

Im Inferno war die Zeit bedeutungslos, dort steckte jeder für eine zeitlose Ewigkeit an seinem Platz fest, und Dantes Besuch war für einige Verdammte geradezu eine willkommene Abwechslung in solcher Eintönigkeit. Hier aber, am Läuterungsberg, haben die Seelen zu tun, sie sind unterwegs, sie müssen zum Gipfel der Vollkommenheit, und der neugierige Dante hält sie auf ihrem Weg nur auf. Mit anderen Worten, sie tun etwas, was sie in ihrem Leben nur unzulänglich getan haben: Sie nützen ihre Zeit.

Die höhere Bedeutung der Zeit können wir auch an den nun häufigeren astronomischen Hinweisen des Autors ablesen. Mehrere Gesänge (zum Beispiel IX, XV und XXV) werden mit so ausgreifenden Planetenkonstellationen eingeleitet, daß der Autor uns damit fast einen Weltraumblick auf die Erde ermöglicht. Dahinter versteckt sich eine didaktische Absicht, selbst wenn sie für uns Heutige einigermaßen kompliziert klingt. Wir sollen nämlich in dieser außerirdischen Perspektive mit praktischer Genauigkeit erkennen, daß es in Europa genau neun Uhr abends ist, wenn es im Purgatorium Mitternacht ist. Die Zeit also, die dort vergeht, vergeht auch bei uns. Die Zeit in diesem Jenseits ist unsere eigene Zeit. Und die Lehre, die wir daraus zu ziehen haben, lautet dann selbstverständlich, daß wir die kostbare Zeit, die wir noch haben, schon jetzt nützen sollen und nicht erst im Jenseits.

In der Architektur der Anlage war der Autor hier nicht mehr frei. Denn natürlich mußte der äußere Umfang des Purgatoriums dem Inferno genau gleichen, also ebenfalls 33 Gesänge umfassen. Aber daß das immer nur nebulös vorgestellte »Fegefeuer« im dichterischen Bild die klare Form eines Berges erhielt – das ist eine ganz und gar neuartige Erfindung des Autors, sein großer Wurf. Jetzt hat das Purgatorium eine feste Struktur.

Um den sich nach oben verjüngenden Berg laufen Terrassen herum, wie im Höllentrichter und auch genauso viele, nämlich neun. Der Autor kommt dabei in gewisse Koordinierungsprobleme. Wenn er nämlich die neun Terrassen mit den sieben Todsünden zusammenbringen will (was er vorhat), dann bleiben ihm zwei Terrassen übrig. Er löst das Problem mit einem Kunstgriff, der zwei geordnete Übergänge schafft: Die unterste Terrasse wird zu einem Vorpurgatorium umgedeutet, die letzte, oberste Terrasse und damit der Gipfel zu einem »irdischen Paradies«. Dieses irdische Paradies, ebenfalls eine originale Erfindung des Autors, steht selbstverständlich nur jenen offen, die sich auf den acht Terrassen darunter von ihren jeweiligen Sünden gereinigt haben.

Eitelkeit oder Die Macht der Musik

Nach dem klassischen Anruf der Musen, die ihm jetzt bei dem Gedicht helfen sollen, läßt der Autor also den neuen Morgen heraufsteigen, eine reine, »saphirblaue Luft«, in der noch die Venus glänzt, der Stern, »der uns zum Lieben

Eitelkeit oder Die Macht der Musik

mahnt«. Da erscheint den Wanderern ein ehrfurchtgebietender bärtiger Greis, offenbar der Wächter des Purgatoriums, und fragt sie, wie sie es denn geschafft hätten, der Hölle und ihrem Gesetz zu entkommen. Nur noch der klassisch gebildete Leser erkennt in dem Greis die historische Figur des Cato Uticensis.

Die Wahl dieses Mannes als Wächter des Purgatoriums ist auf den ersten Blick überraschend, Cato ist nämlich ein Selbstmörder; er hatte sich das Leben genommen, weil er im Bürgerkrieg gegen Julius Caesar alle Hoffnung auf einen Sieg verloren hatte. Daß der Autor ihn nicht kurzerhand in die Hölle steckt, ist natürlich kein freundliches Übersehen, sondern hat – wieder einmal – politische Gründe. Cato kämpfte damals gegen den Usurpator Caesar für die Freiheit der Republik. Auch Dante, so erklärt Virgil dem alten Cato, sucht die Freiheit, die ihm genauso kostbar ist wie dem Angesprochenen, der ihr sogar »sein Leben opferte«. Nun könnte man dem Autor mit leichter Häme vorhalten, Cato habe sich doch nicht der Freiheit zuliebe, sondern allein deshalb umgebracht, weil er die Schande der Niederlage nicht habe ertragen können. Aber dieser Vorwurf ginge an der Absicht des Textes vorbei. Denn Cato wird uns vom Autor hingestellt als Verteidiger einer freiheitlichen Verfassung, zu Dantes Zeiten ebenso ein Vorbild wie später und bis in unser eigenes unruhiges Jahrhundert hinein. Neben der historischen Bedeutung eines solchen Kampfes fallen Catos biographische Details, sogar ein Ende von eigener Hand, moralisch kaum noch ins Gewicht.

Nachdem Cato die beiden also eingelassen hat und sie noch etwas unschlüssig am Strand herumstehen, nähert sich vom sonnigen Horizont her mit rasender Geschwindigkeit ein rötlich schimmernder Punkt, wird immer größer und blendender, ein psychedelisches Schauspiel, das sich am Ufer plötzlich in ein Schiff mit hundert Menschengeistern verwandelt. Selbst der sonst allwissende Erklärer Virgil muß abwarten, bis er den Steuermann deutlicher erkennen kann (der selbstverständlich ein strahlender Engel ist). Die Angekommenen wissen an diesem Ort ebensowenig Bescheid wie die zwei Wanderer und fragen sie nach dem Weg. Da tritt einer aus der Menge auf sie zu, und Dante erkennt in ihm einen Jugendfreund, den Komponisten und Sänger Casella. Dreimal versucht Dante, ihn zu umarmen, aber immer schlägt er sich nur die leeren Arme auf die eigene Brust (Purg. II). Casella will schon wieder weiter, aber Dante – wirklich nur aus reiner Erinnerungslust? – bittet ihn, ein Lied vorzutragen. Und was wird der Sänger nun vortragen? Richtig: Ein Gedicht des COMEDIA-Autors, die zweite Canzone des CONVIVIO, die Casella selbst vertont hatte. Die Zeitgenossen werden es sofort an der ersten Zeile erkannt haben (und mehr gibt uns der Autor nicht; er spielt hier erkennbar mit seiner gerade noch bezähmten Schriftsteller-Eitelkeit).

Dante, dem bei diesem Gesang die ganze Jugendzeit nachklingt, ist von Casellas Sängerkunst hingerissen. Auch der sonst immer so vernünftige Reiseführer, auch Virgil, steht und lauscht versunken. Ja selbst die mit dem Schiff angekommenen Seelen, die es eben noch recht eilig hatten mit Aufstieg und Läuterung, sind jetzt so »völlig hingegeben an den Gesang, als ob nichts andres ihren Sinn berühre«. Dieses improvisierte Strandkonzert ist liebenswürdig und verständlich, als hätten die Toten ihre Menschlichkeit noch nicht hinter sich gelassen. Aber die Szene entbehrt nicht einer gewissen Komik, und die steigert sich noch, als Cato die selbstvergessenen Zuhörer wie einen Hühnerhaufen auseinander- und den Berg hinauftreibt. Wie ein Taubenschwarm, der plötzlich ängstlich auffliegt, stieben

Eitelkeit oder Die Macht der Musik

die Seelen auseinander. »Auch unser Aufbruch«, so endet Dante den Gesang mit einem Anflug von schlechtem Gewissen, »war nicht minder eilig.«

Unmerklich, kaum angedeutet, verändert sich jetzt das Verhältnis Dantes zu Virgil. Bisher war es von blindem Vertrauen getragen: Wenn Dante ihn brauchte, war er für ihn da. Hier aber (Purg. III) schwindet dieses Vertrauen. Dante wendet sich einmal erschrocken um, glaubt sich verlassen, so daß Virgil ihn zurechtweisen muß: »Willst du mir mißtrauen?« Der Abschied vom Reisegefährten, wenn Dante ihn nicht mehr braucht, findet tatsächlich erst viel später statt. Und doch verrät dieser Zweifel an Virgils Anwesenheit eine tiefere Wahrheit. Die bisher alles durchdringende Erkenntnisfähigkeit des antiken Dichters ist den überwältigenden Eindrücken immer weniger gewachsen, je mehr er sich dem Paradies nähert. Er gibt es schon hier ein wenig zu, indem er jeden einen Narren nennt, der zu hoffen wagt, unsere Vernunft könne alle Wege der Ewigkeit durchlaufen. Zwar weist er, ordentlich christlich, für diese Fälle auf den nötigen Glauben hin (sonst »hätte Maria nicht gebären müssen«), am Ende der Rede aber beobachten wir eine minimale Geste, die uns zeigt, daß der große Philosoph mit dieser begrenzten Einrichtung der Welt nicht ganz einverstanden scheint: Er senkt betrübt den Kopf.

Im Weitergehen treffen die beiden nun immer wieder auf Personen der Zeitgeschichte, die Dante mit Fragen bedrängen und ihm ihre Lebens- und Todesgeschichte berichten, unter ihnen auch Buonconte von Montefeltro (Purg. V), den Sohn des Guido, den wir eben in der Hölle sahen. Die Begegnung mit einem wie der Autor politisch engagierten Dichter, dem Troubadour Sordello aus Mantua, löst bei Dante die berühmte Strafrede über Italien aus. Sie wird immer leidenschaftlicher, findet kaum einen Abschluß, erst

Der »rechte Weg«

nach 23 Terzinen ist sie zu Ende. Dantes Wortgewalt steigert sich hier zum alttestamentarischen Prophetenfluch. Ein unregiertes Land nennt er das zerrissene Italien, »Haus der Schande«, einen verfallenen Garten, Pferd ohne Reiter, vom deutschen Kaiser im Stich gelassen (namentlich wird Albrecht I. erwähnt), voll von gierigen Tyrannen, die Geld und Gesetze und politische Sitten fälschen, eine Kranke, »Die keine Ruhe findet in den Kissen / Und sich in Schmerzen auf dem Lager wendet« (Purg. VI).

Sordello führt die Wanderer sodann in eine abendliche Talmulde und dort in eine glänzende Fürstenversammlung. Wir sehen Kaiser Rudolf von Habsburg, Ottokar II. von Böhmen, Philipp III. von Frankreich und bei ihnen die Könige von England, Aragon, Navarra und Anjou, alle Großen der eben vergangenen Epoche. Manche von ihnen führten einmal Krieg gegeneinander, jetzt sitzen sie beieinander und – man muß es so sagen – arbeiten ihre Vergangenheit auf. Sie sprechen offen über alle Versäumnisse, die zu dem verheerenden Zustand in Italien und Europa geführt haben (Purg. VII). Den Abschied vom Leben, von der Macht haben sie hinter sich. Über diesem Gipfeltreffen im Jenseits liegt eine feierliche Würde der Ernsthaftigkeit.

Die sieben Todsünden

Den Eingang zu den nächsthöheren Terrassen des eigentlichen Purgatoriums bewacht jedesmal ein Engel. Der erste nimmt jetzt an Dante eine Markierung vor, die zorrohaft erscheinen mag, die hier aber eher magischen Zeichencharakter hat: Er schneidet Dante sieben Ps in die Stirn, die sieben »peccata«, die tödlichen Sünden. Auf jeder Läuterungsstufe wird er einen dieser Buchstaben verlieren. Dann

Die sieben Todsünden

öffnet ihnen der Engel das Tor mit zwei geheimnisvollen Schlüsseln. Durch eine Felsspalte, so eng wie die Treppen in alten Kirchtürmen, kommen sie zur ersten der sieben Sünden-Terrassen.

Hier, bei den Hochmütigen, sind der Boden und die Wände mit Marmorreliefs bedeckt, mit Beispielen der Demut, die die wandernden Seelen zur Strafe betrachten müssen. Damit sie den einst zu hohen Kopf nun ordentlich gesenkt tragen, sind ihnen außerdem schwere steinerne Gewichte aufgebürdet. Eines der Demutsbilder ist so lebendig, daß Dante darin den dramatischen Szenendialog zu hören scheint. Es ist die Geschichte der Witwe, die sich an Kaiser Trajans Zügel hängt und ihn um Vergeltung anfleht. Seine Soldaten haben ihren Sohn getötet, und Trajan zieht gerade in den Krieg (Purg. X):

> »Er schien zu sagen: ›Wart noch eine Weile,
> Bis ich zurück bin.‹ Aber sie: ›O Kaiser‹,
> Wie jemand, dem der Schmerz im Nacken sitzt,
> ›Wenn du nicht wiederkehrst?‹ Und er: ›Ein andrer
> Wird's für mich tun.‹ Sie aber: ›Wozu nützt
> Dir fremde Wohltat, wenn du selbst nicht handelst?‹
> Worauf er: ›Nun, so tröste dich, ich werde
> Wohl sogleich meine Pflicht erfüllen müssen,
> Wenn es Gerechtigkeit und Mitleid wollen.‹«

Mit der richtigen Frage im richtigen Augenblick hat sie den hohen Herrn dazu gebracht, ihr zu helfen. An diese Szene knüpfte das Mittelalter die Legende, den heiligen Gregor habe die Geschichte so bewegt, daß er Gott – und zwar erfolgreich – um ein zweites Leben für Trajan bat, in dem er als Christ sterben könne.

Beim Aufstieg zur zweiten Terrasse fühlt Dante sich seltsam leichter. Er greift sich verwundert an die Stirn und

Der »rechte Weg«

spürt, er hat das erste P verloren. Auf diesem Sims sind sie bei den ehemals Neidigen. Jetzt lehnen sie in bleichen Gewändern an der nackten Felswand, erblindet, das heißt die Lider mit Eisendraht zugenäht, in genau beobachteter Haltung wie die Bettler in den Straßen von Florenz: »Und einer beugt den Kopf über den andern,/ Damit das Mitleid jeden gleich ergreife,/ Nicht nur vom bloßen Hören ihrer Klagen,/ Auch von dem Anblick, der nicht minder elend« (Purg. XIII). Körperlose Stimmen in der Luft erzählen von bestraftem Neid.

Die nächste Stufe im Schema der Todsünden ist der Zorn, und die Strafe dafür ein beißender Rauch, der den

---

Drei Leser-Qualitäten sind bei der Lektüre zwar nicht unbedingt nötig, aber hilfreich:
- ein gewisses Gefühl für die richtige Ordnung der Welt (etwas wie die Chaostheorie hätte Dante wohl nicht verstanden); man muß nun nicht gleich Thomas von Aquin gelesen haben, sollte aber ein Restgespür dafür haben, daß Betrug und Gewalt eben nicht »in Ordnung« sind;
- ein gutes Orientierungsvermögen: Man verläuft sich leicht in der COMEDIA. So sind zum Beispiel einige Kreise der Hölle in verwirrende drei »Ringe« oder zehn »Gräben« unterteilt, und das Wegstück aus der Hölle heraus zum Läuterungsberg bleibt ohne Skizze einfach schleierhaft;
- eine bestimmte Unbefangenheit, die unsnobistische Fähigkeit, sich beeindrucken zu lassen: Die disziplinierte Sprache der COMEDIA kann leicht dazu führen, daß der nicht an Verse gewöhnte Leser die Dramatik des Geschehens vor lauter Poesie aus den Augen verliert und ihm dann auch Dantes schonungsloser Realismus und die körperlich schmerzende Drastik mancher Szene verlorengehen.

Die sieben Todsünden

Sündern die Augen vernebelt. Nur langsam und vorsichtig kommen sie in diesem Dunkel voran, Dante hinter Virgil mit der Hand auf dessen Schulter. Erst in der Dämmerung verlassen sie die Rauchwolke.

Auf der vierten Terrasse rasten die Wanderer. Was Virgil die Gelegenheit gibt, Dante in einer längeren Rede (es ist die dritte und nicht die letzte) den Aufbau des Läuterungsberges zu erklären. Die drei bisherigen Simse bilden das untere Purgatorium, dieser hier, die Trägheit des Herzens (Purg. XIII), und die folgenden drei den oberen Teil. Die Grenze entspricht der teufelsbewehrten Stadtmauer im Inferno, die die Hölle ebenfalls in zwei Hälften teilt. Das

> Drei weitere Qualifikationen sind erwünscht, aber nicht erforderlich:
> - ein immerhin halbwacher Sinn für Symbole: Ein Adler beispielsweise ist in der COMEDIA nicht nur ein Vogel, sondern immer auch ein Zeichen für den römischen Kaiser; erfreulicherweise gibt es jedoch keine Dante-Ausgabe ohne ausführlichen Erläuterungsteil;
> - ein bißchen klassische Bildung: Man muß zwar nicht wissen, wodurch Vergil damals zum Vorbild wurde, man kommt auch ohne die Kenntnis vorhergehender Unterweltfahrten gut zurecht (etwa des Herkules, des Odysseus, des Vergilschen Aeneas); aber es kann nicht schaden, wenn man weiß, wer Pluto und was der Styx ist;
> - und schließlich eine wenigstens flackernde Frömmigkeit, zumindest aber die Fähigkeit, sie nachzuvollziehen: Sicher, die COMEDIA ist eine Enzyklopädie, »Summe« des Mittelalters, frühmoderne Staatsphilosophie und vieles mehr; aber sie ist auch, wenn nicht vor allem, eine Wanderung, der Weg eines Menschen zur befreienden Erlösung.

Purgatorium wird uns also wieder als umgekehrte Hölle vorgestellt.

Dante wird jetzt immer häufiger von Visionen heimgesucht. Er träumt im Gehen und im Liegen, von der Jungfrau Maria mit dem Knaben Jesus im Tempel, von der Steinigung des heiligen Stephan, dann auch Szenen aus der Urgeschichte Roms, deren Verhülltheit das gesammelte Wissen eines Althistorikers herausfordert. Und schließlich auf der Geiz-Terrasse – wieder etwas faßlicher – von den Versuchungen der sinnlichen Welt. Er sieht eine häßliche Frau vor sich, mit schrägen Augen und krummen Füßen, aber seine gierige Entflammtheit überzieht sie »mit einem Rot der Liebe«. Sie stellt sich ihm als »die liebliche Sirene« vor, betörend, verführerisch, freilich auch etwas prahlend, wenn sie behauptet, sie habe schon Odysseus von seinem Weg abgelenkt (denn dieser war ihr ja gerade mit seiner vielleicht cleversten List entkommen). Woraufhin eine zweite Frauengestalt erscheint, die der trügerischen Schönheit vorn das Kleid öffnet, und Dante erwacht von dem Gestank des häßlichen Körpers (Purg. XIX).

Aber noch während wir der tieferen Bedeutung der Traumszene nachgrübeln, sind die beiden schon weiter durch die versammelten Geizigen, die gefesselt am Boden liegen müssen. Papst Hadrian V. ist unter ihnen und dann auch Hugo Capet, der Stammvater des französischen Königshauses. Die Chance einer Verurteilung Frankreichs läßt sich der Autor natürlich nicht entgehen. Er legt dem ersten Kapetinger ein Sündenregister in den Mund, mit dem dieser seine eigenen Nachkommen verdammt (Purg. XX). Alle ihre notorischen Untaten kommen darin vor, etwa der politische Verkauf einer Tochter, der unwürdige Schauprozeß gegen die Templer und mit besonderer Schärfe die Gefangennahme des Papstes in Anagni. Wir kennen

Die sieben Todsünden

den unerbittlichen Haß des Autors gegen die Person Bonifaz VIII., aber der freche Handstreich Nogarets hatte auch die Institution des idealen Papsttums verletzt: Hier wurde, erklärt Hugo, Christus selbst »zum zweitenmal verlästert,/ Ich seh ihn wieder Galle und Essig trinken«.

Auf dem sechsten Sims wird die Sünde der Völlerei abgebüßt. Die früheren Schlemmer sind zu dauerndem Fasten verurteilt und sehen entsprechend hohlwangig aus. Speziell unangenehm müssen ihnen die Qualen des Tantalus sein, die auch hier üblich sind: Die appetitliche Nahrung entzieht sich ihnen, sobald sie danach greifen. Dabei behalten sie jedoch, da sie den Sinn dieser Bestrafung eingesehen haben, einen mitteilsamen, freundlichen Charakter.

Aus der Menge der höher eilenden, ausgemergelten Schatten wird Dante von einem zweiten Jugendfreund angesprochen. Es ist Forese Donati, Dichterkollege und auch Trinkkumpan Dantes in der dunklen Etappe seines Lebens. Er bittet höflich um Entschuldigung für sein abschreckendes Aussehen, und in dem angeregten Wiedersehensgespräch der Freunde deutet Dante erstmals seine eigenen Verfehlungen an: »Wenn du dich wohl besonnen, Wie ich mit dir und du mit mir einst lebtest, Dann wird dich heut noch das Gedächtnis quälen« (Purg. XXIII). Nach einer Voraussage zum endgültigen Verfall von Florenz eilt Donati weiter.

Der letzte, höchste Sims ist für die Wollüstigen reserviert, die in einem Flammenwald ausharren müssen. Diese Sünder, unter ihnen übrigens auch die Homosexuellen, sind vom Autor jedoch keineswegs abschreckend vorgestellt, sondern als edle, vielleicht harmoniebedürftige, aber jedenfalls äußerst zivilisierte Geister, mit anderen Worten: als Künstler. Sie sprechen in gepflegter Rede, in der Höflichkeitsform und von begangenen Sünden nur in durchaus gesellschaftsfähigen Andeutungen. Berühmte Minnesänger des Mittelalters treffen wir an, die großen Vorläufer und Vorbilder für den Autor und seinen »neuen süßen Stil«. Jeder Zeitgenosse kannte ihre Namen und hatte den einschmeichelnden Klang ihrer Liebeslieder im Ohr. Auch Dante bekundet ihnen so freundlichen Respekt, daß sich einer von ihnen, der Franzose Arnaut Daniel, acht Verse lang in seinem melodischen Provenzalisch vorstellt (Purg. XXVI,140ff; die Stelle wird in den deutschen Übersetzungen immer mitübersetzt):

> »Tan m'abellis vostre cortes deman,
> qu'ieu no mepuesc, ni-m voill a vos cobrire.
> Ieu sui Arnaut, ...
> sovenha vor a temps de ma dolor!«
> (So sehr erfreut mich euer höflich Wort,
> Daß ich mich Euch nicht kann noch will verbergen.
> Ich bin Arnaut, ...
> Gedenkt zur rechten Zeit an meinen Schmerz.)

Danach verschwindet die arme Seele wieder in dem Flammenwald. Und auch für Dante, von allen eingeritzten Sündenbuchstaben erleichtert, führt kein Weg daran vorbei.

Hinter der Flammenmauer

Was jetzt noch zwischen ihm und dem irdischen Paradies liegt, ist diese scheinbar undurchdringliche Wand aus lodernden Flammen. Begreiflicherweise schaudert er davor zurück. Er ist vor Angst halbtot, hat er doch schon manchmal, bei öffentlichen Hinrichtungen, Menschen brennen sehen. Virgil drängt ihn vorwärts. Dante bleibt starr stehen

Hinter der Flammenmauer

»und kann nicht, wie er möchte«. Da findet Virgil, der geschickte Psychologe, das Zauberwort. Nur dieses Feuer trenne Dante von Beatrice, sagt er. Bei dem geliebten Namen löst sich der Ängstliche aus seiner Starrheit und folgt beherzt dem vorausschreitenden Virgil in die Flammen. Die maßlose Hitze verschlägt ihm den Atem, aber auch jetzt versteht es Virgil, die Energien des Verzagten wach zu halten, indem er »immer nur« von Beatrice redet: »Mir scheint, ich seh schon ihre Augen.« Er schwindelt natürlich, hinter der Flammenmauer ist von Beatrice weit und breit nichts zu sehen.

Genaugenommen ist überhaupt nichts zu sehen, denn der Autor führt an dieser Stelle eine spannungssteigernde Verzögerung ein und läßt erst einmal die Nacht hereinbrechen. Im Schlaf träumt Dante nun von dem erwähnten Botticelli-Mädchen. Es ist Lea, die Schwester Rahels. Lea stellt sich ihm als die praktisch Tätige vor, anders als Rahel, die den ganzen Tag vor dem Spiegel sitzt, versunken in »den Anblick ihrer schönen Augen.« Aber was ist Leas paradiesische Tätigkeit? Sie pflückt sich Blumen für einen Kranz, um sich ebenfalls zu schmücken und »im Spiegel schön zu sein«. Man sieht, wir haben die praktischen Zwänge des irdischen Alltags weit hinter uns gelassen.

Der nächste Morgen bringt den Abschied von Virgil. Von hier ab soll sich Dante nur noch von seinem eigenen Willen führen lassen, der jetzt »frei, gerade und gesund« ist. Sinnbildlich schmückt er Dante mit Krone und Mitra zu seinem »eigenen Herrn« (Purg. XXVII). Eine geradezu neuzeitliche Mündigkeitserklärung.

Nun führt uns der Autor aber nicht etwa auf einen in Pastellfarben verkitschten Paradies-Gipfel. Zwar tritt uns in der Figur der Matelda erst noch ein zweites Blumenmädchen von überirdischer Schönheit entgegen, ganz heitere Unschuld und Natur. Dann aber projiziert der Autor das weitere Geschehen wie auf eine Riesenleinwand, setzt eine ungeheure Bühnenmaschinerie in Bewegung und läßt einen so grandiosen Triumphzug aufmarschieren, daß alle Prunkfeste des späteren Barock nur schwache Imitationen davon sind. Wer je meinte, den Autor rein auf protestantische Innerlichkeit festlegen zu können, wird hier eines Besseren belehrt. Denn jetzt entfaltet sich die konzentrierte Majestät des Katholischen.

Der Himmel öffnet sich, und herab steigen unter leuchtenden Fahnen die Hierarchien: voraus die sieben Gaben des Heiligen Geistes, die 24 alttestamentarischen Männer der Apokalypse, es folgen die vier Tiere der Evangelisten, endlich der Triumphwagen der Kirche, gezogen von Christus im Bild eines Greifen, um ihn herum die sieben Tugenden und zum Schluß sieben Apostel. Mit einem gewaltigen Donnerschlag hält der Wagen vor dem sprachlosen Dante (Purg. XXIX). Zuerst steigen Hunderte seliger Geister aus, dann in einer Blumenwolke, im grünen Mantel und unter einem weißen Schleier die Frau, für die der donnernde Aufzug überhaupt veranstaltet wurde: Beatrice.

Fallen sich die wiedervereinten Liebenden nun in die Arme? Ganz im Gegenteil. Beatrice nennt ihn bei seinem Namen (Purg. XXX; zum ersten und einzigen Mal in der COMEDIA wird hier dokumentiert, daß der Wanderer tatsächlich Dante heißt) und macht ihm den überraschenden Vorwurf: »Wie wagtest du, dem Berge dich zu nahen?« Dante erstarrt in seinem schlechten Gewissen. Als Verteidiger treten die begleitenden Engel dazwischen, Beatrice solle ihn doch nicht zu sehr beschämen.

Und in diesem Augenblick, im Angesicht so gnädiger Fürsprecher, schmilzt das Eis in seinem Herzen und tritt ihm als Wasser in die Augen: Dante weint. Aber Beatrice

Hinter der Flammenmauer

ist noch nicht fertig mit ihm und seinem Sündenregister. Alle seine Irrwege zählt sie auf, alle falschen Lustbarkeiten und die billigen Affären mit anderen Frauen. Dante, halb ohnmächtig, bekennt sich schuldig. Nach einem noch etwas stockenden Eingeständnis wird er natürlich freigesprochen: Beatrice hebt den Schleier und zeigt ihm ihr strahlendes Gesicht. Das symbolische Reinigungsbad am Schluß bekräftigt nur die Gnade seiner »Wiedergeburt«. Aber noch einmal kippt das Bild ins Visionäre (Purg. XXXII).

Dante sieht den Wagen der Kirche in einer unheimlichen Verwandlung, die Weltgeschichte im Zeitraffer. Der Greif ist verschwunden, statt dessen schießt ein Adler aus dem Himmel herunter und bringt den Wagen mit seinem Aufprall ins Wanken (das sind die antiken römischen Kaiser und ihre Christenverfolgungen). Ein gieriger Fuchs (die Sekten) schleicht sich an, Beatrice verjagt ihn. Wieder kommt der Adler herab und beschmutzt den Wagen mit seinen Federn (die Konstantinische Schenkung). Aus der Erde hebt sich ein Drachen und durchbohrt mit seinem spitzen Schwanz den Boden des Wagens (die korrupte Kirche). Über und über ist der Wagen jetzt bedeckt mit Adlerfedern (der weltliche Reichtum des Papsttums).

Jetzt verwandelt sich der Kirchenwagen selbst in ein Ungeheuer mit sieben Tierköpfen (die Todsünden), und darauf sitzt die apokalyptische Hure mit einem Riesen (das unnatürliche Zusammenspiel von Papst und Kaiser), aber am Ende verschleppt der Riese sie in den Wald (das Exil der Päpste in Avignon).

Mit diesem kaum noch zu steigernden Weltdrama ist der Autor auch schon im letzten Gesang angekommen. Die himmlische Prozession macht sich zum Abmarsch bereit, aber vorher gibt Beatrice noch eine der rätselhaftesten Prophezeiungen der gesamten COMEDIA: Sie sagt der Welt einen Retter voraus, einen bis heute unerklärten »Fünfhundert und Fünf und Zehn«. Kurz danach scheint der Autor in Zeit- und Raumnot zu geraten und läßt uns ein wenig augenzwinkernd wissen:

> »Doch da nun vollgeschrieben alle Blätter,
> Die ich bestimmt zu diesem zweiten Liede,
> Läßt mich der Zaum der Kunst nicht weiterschreiben.
> Ich kehrte wieder aus den heiligen Wogen,
> War neugeboren wie die neuen Pflanzen,
> Wenn sie ihr grünes Laub erneuert haben,
> Rein und bereit zum Aufstieg auf die Sterne.«

Und Schluß. Noch abrupter als im Inferno. Aber vielleicht ist dem aufmerksamen Leser schon hier aufgefallen, daß das Inferno und das Purgatorium mit demselben Wort enden: »Sterne«. Auch im Paradies schließt der Autor mit diesem Wort.

Das Paradies – Schreibprobleme

Auf der letzten Etappe der Reise, im Paradies, ist ein Abstieg in einen Trichter so unmöglich wie eine Bergbesteigung, auch wenn die Szenerien zunehmend unbeschwerter werden. Nicht sosehr, weil der Autor diese Fortbewegungsarten ja schon verbraucht hat, sondern weil es im Himmel weder Raum noch Zeit geben kann. Wir sind in einem stofflosen Nirgendwo angekommen. Wie und wohin soll Dante hier noch »wandern«?

Er wandert tatsächlich nicht mehr: Er schwebt. Aber selbst das wird jetzt geheimnisvoll ungewiß. Es ist ihm zuerst nicht klar, ob er an der Seite Beatrices durch den (oder die?) Himmel schwebt oder an Ort und Stelle bleibt und

Das Paradies – Schreibprobleme

die Himmel mit kosmischer Geschwindigkeit auf ihn zurasen. Und Beatrice wird ihm erklären (Par. IV): Die Verteilung der Seligen auf mehrere Stufen oder Himmelssphären existiert nur in seiner beschränkten Wahrnehmung; in Wirklichkeit sind alle in ein und demselben Paradies vereint. Mit dieser Relativität der Bewegung, die erst viel später in Science-fiction-Filmen wie STAR-TREK wieder auftritt, hat der Autor elegant das erste Beschreibungsproblem gelöst.

Das zweite ist gravierender. Ohne Zeit und Raum gibt es auch keine Formen mehr. Wir erleben im Paradiso denn auch eine zunehmende Auflösung jeder äußeren Gestalt. So werden die Umrisse der seligen Geister immer unerkennbarer in dem hellen Glanz, der sie umgibt. Was bleibt dem Autor da noch zu beschreiben? Seine geniale Antwort: das Licht. Die strahlenden Erscheinungen sind allerdings nie an der Stelle, wo Dante sie zu sehen glaubt, sie zeigen sich ihm da nur. Innere Veränderungen, etwa ihre gesteigerte Freude, drücken sie durch intensiveres Leuchten aus. Alles hier ist nur noch flammende Licht- und Farbenpracht, und selten heben sich einige hochsymbolische Formen heraus, verschwimmende Buchstaben, ein Lichtkreuz, eine Rosenblüte, drei funkelnde Kreise, und oft begleitet von rauschender Sphärenmusik.

Natürlich weiß der Autor trotzdem, daß er hier keine adäquate Beschreibungssprache mehr zur Verfügung hat (obwohl er in Par. I nicht mehr die Musen, sondern gleich ihren Meister, Apollo selbst, sozusagen um Schreibhilfe angerufen hat). Immer wieder gesteht er uns hier oben das schrecklichste Paradox des Schriftstellers: etwas bezwingend Schönes zu sehen und es nur unzureichend beschreiben zu können, eben weil es »unbeschreiblich« ist. Solche Leser-Anrede ist keine Erfindung Dantes, sie ist gute Mittelaltertradition. Aber unser Autor übersteigt auch hier mit einem unglaublichen Schritt hergebrachte Formen und Formeln. Er präsentiert eine – erst in unserm Jahrhundert entwickelte – »Rezeptionsästhetik«. Sie besagt: Der Autor hat seine Schreibarbeit getan, und nun muß das Bild im Kopf des Lesers entstehen. Dante legt das dem Leser nicht in blasser Theorie vor, sondern in der sinnlichen Metapher des Essens (Par. X):

> »Ich hab dir vorgelegt, nun mußt du speisen,
> Denn ich muß meine ganze Sorge wenden
> Auf jenen Stoff, den ich beschreiben möchte.«

Was ihm, je näher er dem absoluten End- und Höhepunkt kommt, natürlich immer größere Schwierigkeiten machen wird. Bis er schließlich sein endgültiges Versagen zugeben muß (Par. XXX): »An dieser Stelle geb ich mich geschlagen,/ Mehr als von einer Stelle seines Werkes/ Jemals ein Dichter überwältigt wurde.«

Das ptolemäische Weltbild

Leichter hat es der Autor mit der Architektur des Himmels. Dafür brauchte er nichts zu erfinden, ja er durfte es nicht einmal, denn hier lag ein verpflichtendes Weltbild vor, abgesegnet von Autoritäten wie dem griechischen Philosophen Aristoteles und dem Mathematiker Ptolemäus in Alexandria. Das Modell ist nach heutiger Auffassung falsch, aber es war einleuchtend und von großer Schönheit.

In der Mitte des Weltalls ruhte die Erde. Um sie herum wölbten sich, eine über der anderen, sieben durchsichtige Kugelschalen, auf denen die damals bekannten Planeten wanderten sowie der Mond und die Sonne. Sie wurden von

Das ptolemäische Weltbild

einer weiteren Sphäre umschlossen, auf der unbeweglich die Fixsterne saßen. In der neunten, äußersten Kugelschale, auch Kristallhimmel genannt, dachte man sich die Energiequelle aller Planetenbewegungen, das sogenannte »primum mobile«. Diesem Himmelsmodell konnte der Autor allein schon deshalb nicht widerstehen, weil er darin abermals mit seiner Lieblingszahl arbeiten konnte, der beatricischen Neun. Hier mußte er auch keine Kreise und Terrassen mehr konstruieren. Die Figur der neun Kugelschalen gab sich dem Dichter geradezu von selbst in die Hand. Wissenschaft und Poesie waren harmonisch vereint.

Und diese Sphären waren in der Antike ja außerdem noch belebt, erfüllt von Intelligenzen, die sich im Christentum dann problemlos zu abgestuften Engelshierarchien umdeuten ließen. Was dem Autor der COMEDIA die willkommene Möglichkeit bot, in den neun Himmeln ebenso leicht verschiedene Geistergruppen unterzubringen, wenn auch nur um dem Wanderer Dante die unendliche Einheit des Paradieses begreiflich zu machen.

In der Mondsphäre also (Par. I bis IV) sind es die Geister, die im Leben schuldlos an der Erfüllung eines Gelübdes oder Versprechens gehindert waren.

Im darüber liegenden Merkur-Himmel (Par. V bis VII) finden wir berühmte Staatsmänner, zum Beispiel den oströmischen Kaiser Justinian, von dem gleich noch zu sprechen sein wird.

Im Venus-Himmel (Par. VIII und IX), ganz selbstverständlich, halten sich die großen Liebenden auf. Ihr Sprecher jedoch ist wieder ein Politiker und persönlicher Freund des Autors: Karl Martell, der zu früh, schon mit 24 Jahren verstorbene Anwärter auf den Thron von Neapel.

Im Sonnen-Himmel (Par. X bis XIII) begrüßen den Wanderer die christlichen Philosophen, an erster Stelle natürlich Thomas von Aquin, aber auch der heilige Franz von Assisi.

Im Mars-Himmel (Par. XIV bis XVII) stellt König Salomon die Anwesenden vor: die Märtyrer und Kreuzfahrer. Hier trifft Dante auch auf seinen Ahnherrn aus dem 11. Jahrhundert namens Cacciaguida, auf den wir ebenfalls noch zurückkommen müssen.

Im Jupiter-Himmel (Par. XVIII bis XX) haben sich die Friedensfürsten versammelt, etwa die Kaiser Trajan und Konstantin. Hier erscheint auch der ideale Herrscher in Gestalt des Jupiter-Adlers.

Im Saturn-Himmel (Par. XXI und XXII) treffen wir die Einsiedler und Mönche, an ihrer Spitze den Ordensgründer Benedikt.

Im Fixsternhimmel (Par. XXIII bis XXVII) betritt erneut ein gewaltiger Triumphzug die Szene, ein ganzes Heer von Lichtern, in dem die Gottesmutter einen noch ehrenvolleren Platz als Christus selbst einnimmt. Aus dem Zug tritt Adam hervor, der Dante die Entstehung der Sprachenvielfalt auf der Erde erklärt, vor allem aber der Apostelfürst Petrus mit einer Schmährede auf das Papsttum. Dante ist hier von der Lichtfülle so geblendet, daß ihn eine rettende Ohnmacht umfängt.

Zuletzt kommt dem Wanderer der Kristallhimmel entgegen (Par. XXVIII und XXIX). In der Energiezentrale, wenn man so sagen kann, gibt es keine Sterne mehr, keine Gestalten oder Geister. Dante sieht hier in einer großen Vision die göttliche Ruhe in der Bewegung als konzentrisch rotierende Lichtkreise. (Überrascht es noch, daß es wieder genau neun sind?) In diesen Kreisen schweben die verschiedenen Engelshierarchien, jede zuständig für einen der darunter liegenden Himmel, angefangen von den Engeln, die den untersten Himmel bewegen, über die Erzengel bis zu den höchsten Stufen, den Cherubim und den Seraphim. In diesem gewaltigen Bild wird noch einmal das gesamte Universum harmonisch und geordnet zusammengefaßt.

Jenseits der neun Himmel, im sogenannten Empyreum, gelangt der Wanderer dann über alles Erkennbare hinaus in die kaum noch verhüllte Wahrheit.

Vier Monologe

Zwischen diesen Himmelssphären liegen natürlich keine sichtbaren Grenzen mehr. Damit der Leser in der strahlenden Lichterfülle nun nicht die Orientierung verliert, hat Dante jeden Übergang mit einem besonders schönen Zeichen markiert: Jedesmal, wenn Beatrice Dante ihr Lächeln und ihren liebenden Blick zeigt, öffnet sich ihm der nächste Himmel. Der einfühlsame Mitleser ahnt hier bereits das Leitmotiv der COMEDIA: Dantes Weg aus der Hölle über den Läuterungsberg ins Paradies ist der Weg zur Geliebten. Oder noch knapper formuliert: Der Weg ist die Liebe. Und sie wird ganz am Ende noch etwas viel Größeres sein.

Nun ist Beatrice allerdings nicht durchgängig eine so überzeugende lyrische Figur wie beim jeweiligen Eintritt in die neun Sphären. Der Autor läßt sie im Mondhimmel (Par. II) einen knochentrockenen Unterricht abhalten. Es geht um die Erörterung der Mondflecken. Beatrice erklärt das Phänomen derart umfänglich, daß es einfallsreicher Interpretationskniffe bedarf, um hier keine überflüssige, mühsam gereimte Prosa-Einlage zu sehen. Der Autor hatte sich schon im CONVIVIO mit den auffälligen Schatten im Mond befaßt und sie dort mit wechselnden Materie-Dichten begründet. Beatrice nun gibt ihm eine paradiesgemäß spirituelle Deutung aus Geist und Licht. Dante verbessert sich hier selbst (modern gesprochen: intertextuell), er korrigiert das CONVIVIO durch die COMEDIA. Offenbar ist ihm diese Selbstkritik so wichtig, daß er sie im Saturn-Himmel gleich noch einmal vorbringt (Par. XXII, 139). Von dort oben nämlich schaut er zurück und sieht den Mond fleckenlos, gewissermaßen gereinigt von seinen niederen Schlacken. Auf diese Weise, sagt der Dante-Experte, ist jetzt auch der tiefstehende Mond zur geistigen Sauberkeit des höheren Paradieses gelangt. Das ist vielleicht gute Interpretenarbeit, aber trotzdem bleibt das ungute Gefühl zurück, Beatrice ist mit dieser Physikstunde aus der Rolle gefallen.

Dieser Eindruck verstärkt sich noch, wenn wir zu den wirklich großen Monologen im Paradies kommen: Justinian, Cacciaguida, dem Adlerkopf und Petrus. Hier zeigt sich der Autor auf der Höhe seiner Kunst. Es sind vier Glanzstücke der Rhetorik. Justinian (Par. VI) beschreibt in einem mächtigen Lobgesang die Glorie des Römischen Reiches, das uns bekannte Lieblingsthema des Dichters. In kräftigen Bildern durchläuft die Rede die bisherige Weltgeschichte, bis an die Grenzen der bekannten Erde fliegt das Zeichen des römischen Adlers.

Aber die große Vergangenheit dient Justinian nur als Hintergrund für die beklagenswerte Gegenwart. Sie ist in Unordnung und Aufruhr: Die Guelfen, unterstützt von den Franzosen, halten dem Adler »die drei Lilien entgegen«, und die Ghibellinen, »ein schlechtes Gefolge«, treiben ihrerseits Mißbrauch damit. Wieder, sogar hier im friedlichen Himmel, schlägt das Engagement des Autors aus jedem Vers leidenschaftliche Funken.

Ebenso bei Cacciaguida, den wir in drei Gesängen hören (Par. XV bis XVII). Er war mit einer adligen Dame aus der Lombardei verheiratet, von der der Familienname des Autors stammt. Cacciaguida ist vermutlich auf dem zweiten Kreuzzug 1147 gestorben. Dieser Urahn der Alighieris malt eingangs ein friedliches Idyll des alten Florenz. Aber heute! Namentlich zählt Cacciaguida alle Familienclans auf, die Florenz ins Unglück stürzten, auch die »freche Sippe« der Bischöfe wird nicht verschont, die sich immer nur an ihren Gütern mästet. Und nun sagt er Dante auch eine finstere Zwischenzeit voraus, in Versen, die jede Biographie des Autors immer wieder zitiert (Par. XVII):

>»Du wirst, was dir am teuersten gewesen,
>Verlassen, und dies ist die erste Wunde,
>Die dir wird schlagen der Verbannung Bogen.
>Du wirst erfahren, wie das Brot der Fremde
>Gar salzig schmeckt und welche harten Stufen
>Auf fremden Treppen auf und ab zu steigen.«

Er bestätigt die Richtigkeit der Entscheidung, daß Dante sich im Parteienstreit auf seine »eigene Seite« gestellt hat, sagt ihm gastliches Asyl in Verona voraus, erteilt ihm nicht ohne einen satirischen Seitenhieb gegen Neider seinen Schreibauftrag und verspricht ihm schließlich das Erstrebenswerteste für einen Autor, den künftigen Ruhm (Par. XVII):

>»Verkünde offen alles, was du schautest,
>Und laß nur, wo die Räude beißt, sie kratzen.
>Denn wenn auch deine Kunde hart zu kauen
>Beim ersten Kosten, wird sie Lebensnahrung
>Dann hinterlassen, wenn man sie verdaute.
>Es geht mit deinem Ruf wie mit dem Winde,
>Der trifft die höchsten Gipfel auch am meisten,
>Und dies ist kein geringer Grund zur Ehre.«

Und wie um seinem Nachfahren zu zeigen, in welche Höhen des Ruhms er aufsteigen wird, stellt er ihm die

Berühmtheiten der Geschichte vor: Josua, Judas Makkabäus, Karl den Großen, Gottfried von Bouillon. Dante, der Autor, kann zufrieden sein.

Die Rede des Adlerkopfes (Par. XIX) beschäftigt sich mit einem Problem, dessen Behandlung nur den überrascht, der das Mittelalter für eine monolithische Diktatur des Glaubens hält. Dante fragt nach der göttlichen Gerechtigkeit, und der Adler antwortet:

> »Du sagtest wohl: ›Es wird ein Mensch geboren
> Am Indus, und dort kann ihm niemand reden
> Von Christus, auch nicht lesen oder schreiben.
> Und dennoch wäre gut sein Tun und Wollen,
> Soweit der menschliche Verstand es sieht,
> Und sündenlos ist er in Wort und Wandel;
> Doch stirbt er ungetauft und ohne Glauben.
> Wo ist das Recht, das ihn verdammen könnte?
> Wo ist nun seine Schuld, wenn er nicht gläubig?‹
> Wer bist denn du, der drüber zu Gerichte
> Auf tausend Meilen Ferne sitzen möchte,
> Mit einem Blick so kurz wie eine Spanne?«

Aber schließlich bekommt Dante doch noch eine Antwort: Alles das ist richtig und gerecht, was mit dem höchsten Willen, dem Guten an sich, im Einklang steht. Und nachdem die sogenannten Heiden aus Afrika und Asien freigesprochen sind, werden die zur Verurteilung vorgesehenen Polit-Christen aufgezählt: an erster Stelle natürlich Philipp der Schöne von Frankreich, dann aber auch die Könige von England, Böhmen, Kastilien und Aragon, Sizilien und Portugal, Norwegen und – man glaubt es kaum – Serbien. Es ist eine lange Fahndungsliste.

Eine politische Strafrede hält schließlich auch Petrus, der sich das korrupte Papsttum vornimmt (Par. XXVII). Aus

Vier Monologe

dem Mund des erstes Papstes klingt die Verdammung seiner mißratenen Nachfolger besonders hart und schneidend. Wir, sagt er, die Päpste der Frühzeit, haben unser Märtyrerblut doch nicht dafür vergossen, daß es später um Gold verkauft wird; katastrophal ist die Zerrissenheit des Landes in Freunde und Feinde des päpstlichen Rom, und gegen Ende wird Petrus sogar im Himmel noch richtig wütend über den Mißbrauch seines Porträts:

> »Es war nicht unsre Absicht, daß zur Rechten
> Des, der uns nachfolgt, ein Teil der Christen
> Und auf der andern sollt ein andrer sitzen,
> Noch daß die Schlüssel, die mir einst verliehen,
> Ein Zeichen auf der Fahne werden sollten,
> Die gegen die Getauften steht im Felde;
> Noch daß ich auf dem Siegel sei zu sehen
> Für die verkauften und verlognen Rechte,
> Darob ich oft in heißem Zorn erröte.«

Mit seinem Intimfeind Bonifaz VIII. ist der Autor übrigens auch nach so letztinstanzlicher Verurteilung noch nicht fertig. Ausgerechnet Beatrice, die schöne Liebende, schickt dem römischen Bischof aus dem hohen Empyreum einen Fluch nach (Par. XXX). Sie erwähnt erst den Papst Clemens V., den Gott nur »noch kurze Zeit im Amt duldet«, dann wird auch er in die uns bekannte Röhre (Inf. XIX) »hinabgestoßen,/ Wo seine Sünde büßt der Magier Simon,/ Und wird den von Alagna tiefer treiben«. Alagna ist der altitalienische Name für Anagni, und »der« ist natürlich wieder einmal Bonifaz. Diese Verdammung ist sogar der letzte Satz, den Beatrice in der COMEDIA überhaupt spricht.

Der »rechte Weg«

Die ganze Wahrheit

Das Empyreum, der »Feuerhimmel«, erklärte sich für die Antike so: Jede Flamme strebt in die Höhe, also auch ihre feurige Substanz, und zwar je höher, desto reiner und unstofflicher; in immer feinerer Verteilung durchdringt sie die Planetenhimmel und sammelt sich schließlich völlig entmaterialisiert jenseits aller Sphären in einem eigenen Bereich, Empyreum genannt.

In diesen Feuerhimmel hat der Autor das mystische Bild der »Himmelsrose« gestellt. Dante wird aus dem Kristallhimmel (»sechstausend Meilen« über der Erde) in eine Unendlichkeit aus reinem, lebendigem Licht gehoben, das nun aber nicht mehr von irgendwelchen Gestirnen ausgestrahlt wird, es kommt vielmehr geradewegs aus dem Geist Gottes. Dante taucht das Gesicht in ein unerklärtes »Wasser«, den Gnadenstrom, und sieht jetzt nicht mehr nur geisterhafte Schatten und Symbole, sondern ist offen für die letzte Wahrheit. Er sieht ein riesiges, aus Glanz und Licht geformtes Rundtheater, und auf den »tausend Stufen« sitzen die Seligen in ihrer verklärten Körperlichkeit, von unzähligen Engeln umschwebt. Beatrice ist auf ihren Platz zurückgekehrt, und nun erläutert der heilige Bernhard Dante die Sitzordnung in dieser »weißen Rose«. Auch für Heinrich VII., auf den der Autor ja so große Hoffnungen richtete, ist schon ein mit der Kaiserkrone belegter Platz reserviert. Bernhard spricht für den Wanderer ein Mariengebet, und danach erst wagt Dante, seine Augen zum letzten Strahlengipfel zu heben.

Obwohl er spürt, »daß seine Sprache nunmehr noch viel ärmer« wird für das Unbeschreibliche (Par. XXXIII), muß er weitersprechen. Nicht eigentlich das hohe Licht, sagt er uns, verändert sich jetzt, sondern er selbst ist in diesem

Die ganze Wahrheit

Licht verwandelt, ihm ist plötzlich eine »gesteigerte Sehkraft« gegeben. So erstarkt schaut er nun die Dreifaltigkeit selbst an, drei gleich große, verschiedenfarbige Kreise ineinander, zwei in den Farben des Regenbogens, der dritte »wie Feuer«. Ein ewiges Licht, das sich selbst als höchste Vergeistigung begreift, aber »sich auch liebt und lächelt«. In diesem Augenblick wird sein Geist, der bei diesem Anblick nur noch völlige Hingabe ersehnt, getroffen »von einem Blitz, der seinen Wunsch erfüllte«.

Danach kommen nur noch wenige Verszeilen. Dante hat gesehen, was die Welt im Innersten zusammenhält. Bei diesem Erlebnis »versagt« ihm nun endgültig die Kraft der Bilder,

»Doch schon bewegte meinen Wunsch und Willen,
So wie ein Rad in gleichender Bewegung,
Die Liebe, die bewegt Sonne und Sterne.«

In Dantes klingenderem Italienisch lautet die einfache Wahrheit:

»Ma già volgeva il mio disio e il velle,
Sì come ruota ch'igualmente è mossa,
L'amor che muove il sole e l'altre stelle.«

Das letzte Wort im Weltgebäude hat die Liebe. Mit ihr ist alles gesagt. Dantes Weg ist an sein Ende gekommen.

Triumphzug mit Aufenthalten

Wege zum Ruhm

Die gesamte Weltliteratur kennt wohl kein Werk, das so sehr einen Kommentar verlangt wie Dantes COMEDIA. Und bei seiner dunklen Schreibweise konnte Dante darauf vertrauen, daß sehr bald viele und vielfältige Erklärer die COMEDIA um- und umpflügten. Seit dem 14. Jahrhundert türmt sich nun ein immer weiter wachsendes Gebirge aus Sekundärliteratur auf, hinter dem das Gedicht fast zu verschwinden droht. Heute erscheinen Jahr für Jahr weltweit mindestens fünfhundert Bücher und Aufsätze zur COMEDIA, außerdem ein halbes Dutzend Teil- oder Komplettübersetzungen. Etwa zweihundert Dante-Bibliographien versuchen mühsam, die unübersichtliche Papierflut zu kanalisieren.

Dante war schon zu Lebzeiten eine Berühmtheit. Wenn ihn die Veroneser auf der Straße daherkommen sahen, dann nahmen sie ihre Kinder beiseite und flüsterten ihnen erschaudernd zu: »Eccovi l'uom ch'è stato all'Inferno«, das ist der Mann, der in der Hölle war. Und kaum war er beerdigt, da machten sich schon die ersten Kommentatoren an die Arbeit, allen voran seine Söhne Jacopo und Pietro Alighieri, neben vier anderen, deren Namen nur Fachleuten vertraut sind (einige Kommentare dieser Frühzeit bis 1340 sind bis heute nicht gedruckt).

Der nächste Schritt zum Weltruhm war eine revolutionäre Tat der Stadt Florenz. Im Oktober 1373 wurde eine Professur zur Lesung und Erklärung allein der COMEDIA eingerichtet und aus kommunalen Mitteln bezahlt. Eine solche Poeten-Ehrung hatte das Kulturleben Europas noch nie gesehen. Der erste, der auf diesen Dante-Lehrstuhl berufen wurde, war niemand anderer als der sechzigjährige Giovanni Boccaccio. Schon vier Monate später allerdings mußte er aus Gesundheitsgründen den Lehrbetrieb wieder einstellen, weshalb sein COMEDIA-Kommentar auch nur bis Inf. XVII reicht.

Und nun tritt etwas ein, das für Dantes Nachruhm charakteristisch ist: eine längere Pause. Fast das ganze 15. Jahrhundert, gewissermaßen im Übergang zur italienischen Renaissance, scheint sich keiner mehr mit Dante beschäftigt zu haben. Jedenfalls haben wir erst um 1481 wieder einen Kommentar, von Cristoforo Landino, und dann in schneller Folge drei weitere. Sie interpretieren fast alle die COMEDIA nur als allegorisches Gedicht, das man um Gottes willen weder wörtlich, noch poetisch, noch gar zeitgeschichtlich verstehen darf. Ihre erbaulichen Abstraktionen – Dante = die menschliche Seele, Virgil = die Vernunft, Beatrice = die Theologie – haben die COMEDIA bis zur Unlesbarkeit entstellt.

Die zweite, längere Pause in der Dante-Rezeption liegt dann zwischen 1570 und 1732. In dieser Zeit wurde kein einziger Dante-Kommentar gedruckt. Ausschließlich Boccaccios Prosa und Petrarcas Lyrik beherrschen die literarische Szene. Dante zählte nicht mehr.

Die Verbreitungsgeschichte der COMEDIA erlebte natürlich dasselbe wechselvolle Schicksal. Aus dem 14. Jahrhundert sind mehr als sechshundert Handschriften überliefert, eine ungewöhnliche Zahl und ein klarer Hinweis auf die Beliebtheit der Dichtung.

Den ersten Druck der COMEDIA unternahm Johann Neumeister, der sein Handwerk noch beim Erfinder Gutenberg gelernt haben soll. Er brachte 1472 in Foligno bei Perugia die Erstausgabe der COMEDIA heraus, ohne Titelblatt oder Seitenzahlen, ohne Kommentar, nur mit kurzen Einführungen zu jedem Gesang. Von dieser wertvollen »editio princeps« wurden zweihundert Exemplare gedruckt, von denen heute noch zwanzig erhalten sind. Im gleichen

Autor und Werk: ein Spiel mit Namen

Der Name des Autors wurde in den frühen Drucken sehr uneinheitlich geschrieben, und zwar 1472: dante alleghieri, 1477: Dante alighieri, 1484: Danthe alighieri, 1502: Dante, 1502: Dante Alaghieri, 1564: Dante Aligieri. Erst im späten 16. Jahrhundert setzte sich die heutige Schreibweise durch.
Der Titel des Gedichts lautete ursprünglich nur LA COMEDIA (von Dante selbst so bezeichnet, Inf. XVI,128). Bernardo Stagnino in Venedig druckte 1512 eine Ausgabe mit dem vielversprechenden Titel DIE WERKE DES GÖTTLICHEN POETEN DANTE, obwohl das Buch nur die COMEDIA enthielt. Die Ausgabe von Aldus Manutius, Venedig 1502, verballhornte auf Anregung des Venezianers Pietro Bembo den Titel sogar in LE TERZE RIME DI DANTE (ein durchsichtiger Versuch des venezianischen Humanisten, den Ruf des Konkurrenten zu untergraben). Häufig hieß das Werk auch nur DANTE oder IL DANTE, so auch in der italienischsprachigen Ausgabe von 1547 von Jean de Tournes in Lyon.
Ludovico Dolce, der für den Drucker Gabriel Giolito in Ferrara die COMEDIA bearbeitete, nannte sie 1555 erstmals LA DIVINA COMEDIA DI DANTE im Titel. Aber erst die frühe textkritische Ausgabe der Academia della Crusca in Florenz, LA DIVINA COMEDIA DI DANTE ALIGHIERI von 1595, stattete diesen Werktitel für die Zukunft mit der nötigen Autorität aus. Allerdings erschienen selbst danach noch andere COMEDIA-Drucke mit recht barocken Titel-Erfindungen, zum Beispiel 1613 in VICENZA LA VISIONE, POEMA DI DANTE ALIGHIERI.

Jahr 1472 erschienen Ausgaben in Mantua und Venedig, bald danach auch in Neapel und Florenz, Mailand und Lyon, Vicenza und Padua. Eine Florentiner Ausgabe von 1481 brachte erstmals das Gedicht zusammen mit einer Erläuterung, dem alten Kommentar von Landino. Es war sozusagen eine Kampfausgabe, mit der die Medicis den berühmtesten Sohn von Florenz den Händen der Konkurrenzstädte entreißen wollten.

Insgesamt wurde die COMEDIA allein in den 28 Jahren bis zum Ende des 15. Jahrhunderts fünfzehnmal gedruckt. In den nächsten hundert Jahren waren es immerhin noch dreißig Drucke, aber im 17. Jahrhundert nur noch jämmerliche drei. Die COMEDIA war zum Ladenhüter geworden. Im folgenden Jahrhundert stieg die Zahl langsam wieder auf 31, aber dann, im 19. Jahrhundert, explodierte die Anzahl der Druckausgaben: 270. Dante war plötzlich wieder gefragt.

Woher kam der eigenartige Stimmungsumschwung?

Es war die Romantik, die die COMEDIA wiederentdeckte und damit auch Dante, der nun nicht mehr bloß ein italienischer, nein, ein europäischer Dichter war. Besonders in England und Deutschland, wo die Romantiker Shelley, August Wilhelm von Schlegel und Friedrich von Schlegel dem Werk Dantes ein zweites Leben schenkten. Kurz danach wurde er auch von Malern wie Delacroix in Frankreich wahrgenommen. Bis nach Amerika strahlte der frische Ruhm der COMEDIA, wo 1871 der Dante-Übersetzer Henry Wadsworth Longfellow, etwas selbstvermessen, eine DIVINE TRAGEDY verfaßte. Maßgeblich wurde Karl Witte, ein vielseitig Gelehrter aus Halle. Witte übersetzte alle Danteschen Werke und schrieb zur GÖTTLICHEN KOMÖDIE 1865 (metrisch, aber ungereimt) auch einen textkritischen Kommentar. In Italien verband sich die Wiedergeburt

Dantes mit der Begeisterung für die nationale Einheit unter dem Schlachtruf »Mit Manzoni in die Kirche, mit Dante in den Krieg!«. Überall in der gebildeten Welt war auf einmal der romantische, der an seiner Zeit leidende Dante der Held des Tages.

Dante und die Künstler

Typischer als diese eher kriegerischen Dante-Liebhaber sind jedoch »gli literati«, die Bildungsschicht der Literatur- und Kunstkenner und an ihren Rändern all diejenigen, die ihre Vertrautheit mit dem Dichter wenigstens durch ausgewählte Zitate belegen. Die einfachste Form solchen Redeschmucks begnügt sich meist mit dem schaudernden Zitieren eines unnumerierten Danteschen »Höllenkreises«, ein Verfahren übrigens, dessen leichte Verfügbarkeit auch der sonst so feinfühlige Marcel Proust nicht verschmähte (»die unterste Stufe auf der sozialen Leiter, der letzte Dantesche Höllenkreis«).

Eindrucksvoller, da sichtbar kenntnisreicher, ist aber die Numerierung der Höllenterrassen, wie etwa im Titel des Gulag-Romans von Solschenyzin »Der erste Kreis der Hölle«.

Schon hier fällt auf, daß offenbar nicht das Purgatorium oder das Paradies der COMEDIA den größten Beifall der Neuzeit findet, sondern vor allem das Inferno. Die Vorliebe für das Höllische durchzieht fast die gesamte Übernahme Dantes in Kunst und Literatur.

Was es mit dieser Bevorzugung auf sich hat, wird sich speziell in der literarischen Weiterwirkung der COMEDIA zeigen.

Dante und die Künstler

- Im Buchhandel erhältlich sind gegenwärtig 13 Ausgaben der GÖTTLICHEN KOMÖDIE:
- eine sechsbändige, zweisprachige Ausgabe bei Klett-Cotta (1970 bis 1994),
- die Ausgabe von Diogenes mit zahlreichen Abbildungen von Gustave Doré (1998),
- die noch immer unterschätzte Gildemeister-Übersetzung, mit 75 Abbildungen von Doré, bei Phaidon (1996),
- die Übersetzung von Hertz im Winkler Verlag, drei Ausgaben, teils mit 12 Illuminierungen des 15. Jahrhunderts (1994, 1996),
- der Manesse-Band mit 48 Doré-Zeichnungen (1995),
- die Herder-Ausgabe mit 34 einfarbigen Holzschnitten (1989),
- die zweibändige Ausgabe im Insel Verlag (1974),
- die kleine, einbändige und die große, sechsbändige Ausgabe bei dtv (1997), übersetzt von Hertz,
- sowie zwei Reclam-Ausgaben, und zwar einmal der vollständige, von Gmelin sehr lesbar übersetzte Text und, für preiswerte 4 Mark, ausgewählte Gesänge (1951).

Film und Theater: Daß ein feuerspeiender Vulkan in einem neueren Katastrophenfilm DANTE'S PEAK heißt, mag ja noch hingehen (erfreulicherweise verschwand der 30-Millionen-Film trotz des James-Bond-Darstellers Pierre Brosnan sehr schnell wieder aus den Kinos). Auch daß der Serienmörder in einer Sendung der Krimi-Soap THE X-FILES 1995 Virgil Incanto heißt, kann man als durchsichtige Ausleihe von Unheimlichkeit gelten lassen. Wenn aber nun gleich ein ganzer Film DIE GÖTTLICHE KOMÖDIE heißt und darin nur noch die zwei Leidenschaften eines alten Sonderlings vorkommen, nämlich zu jungen Mädchen und selbstgemachtem Speiseeis, dann hat der Werktitel ein bizarres Eigenleben angenommen. Auch die Bewertung dieses portugiesischen Films bei den Filmfestspielen in Venedig 1995 (»erotisch, pervers, geistreich, schamlos, unterhaltsam«) hat mit Dante nur noch wenig zu tun. Und 51 weitere Filme mit »Inferno« im Titel (MACISTE NELL'INFERNO) überhaupt nichts mehr.

Es gibt aber auch ernsthaftere Film-Inspirationen durch die COMEDIA. Das erste Mal von Henry Otto in den USA, schon 1924, also noch schwarzweiß und stumm. Neun Jahre später kam der 88-Minuten-Film DANTE'S INFERNO von Harry Lachmann heraus, mit Spencer Tracy in der Hauptrolle. Dabei wurden in einer kurzen Höllen-Sequenz auch die Zeichnungen Gustave Dorés eingebaut. Eine regelrechte Verfilmung der COMEDIA gab es schon 1912, von dem Regisseur Giuseppe de Liguoro, sowie in den achtziger Jahren durch das Fernsehen in Kanada (A TV DANTE) und Italien. Immerhin das Inferno I bis VIII schaffte 1989 auch der bildsüchtige Peter Greenaway in dem anderthalbstündigen Fernsehfilm »TV-Dante« mit Virgil (den John Gielgud spielte), Dante und Beatrice.

Nur ganz Unerschrockene wagen sich auch auf der Bühne an Dante heran. Zu ihnen gehört Herbert Fischer mit seinem Tourneetheater COMOEDIA MUNDI. 1995 stellte er seine Inszenierug der GÖTTLICHEN KOMÖDIE in Nürnberg vor, und die Rezensenten vermerkten mit Überraschung, wieviel Zeitkritik doch in Dantes Werk liegt.

In Sankt Petersburg führte Mikhail Khousid, der Leiter der Staatlichen Marionettenbühne, das Werk als Puppentheater auf, sogar schon 1974. Und eine kanadische Tanzgruppe namens Kokoro Dance in Vancouver ließ sich 1989 von Dorés COMEDIA-Zeichnungen zu einem Dante-Ballett inspirieren (unter dem Titel ZERO TO THE POWER). In diesem Ballett bewegen sich die Tänzer einmal mühsam, aber sehr dantesk in einem Morast aus flüssigem Lehm.

Dante und die Künstler

Dante in der Musik: Auf einer sicher unvollständigen Liste von 75 Dante-Komponisten sind vierzehn aus den USA und Kanada, einige freilich italienische Einwanderer und alle aus diesem Jahrhundert. Dabei verwenden sie außer Soloinstrumenten, Liedern, Kammermusik, Sinfonie und Oratorium auch moderne Formen, seien es synthetische Tonbandgeräusche (David Denniston), Frauenstimme und Elektronik (Brent Lee) oder einen computerisierten Bariton mit Orchester (Salvatore G. Martirano).

An zweiter Stelle kommen dann erst einmal Schweden mit zehn Komponisten und Italien mit ebenfalls zehn, unter denen sich auch Vincenco Galilei findet, der Vater des Astronomen, der die Ugolino-Szene in Musik setzte. Auf den weiteren Plätzen folgen England (neun), Holland (vier), Deutschland, Frankreich, Rußland und Tschechien (je drei) sowie Dänemark, Finnland und Spanien (je zwei Komponisten). Fast alle anderen Länder Europas haben immerhin einen Dante-Komponisten aufzuweisen, im 20. Jahrhundert auch China und Madagaskar.

Die meisten von ihnen wählten sich eine besonders starke Szene der COMEDIA als Textvorlage (etwa Paolo und Francesca in mindestens zwei Opern des 19. Jahrhunderts) oder Ausschnitte (zum Beispiel den Gesang Par. I, so Jacob ter Veldhuis) oder mehrere Paradiso-Gesänge (für gemischten Chor wie bei Lars Edlund). Auf originelle Weise ließ sich der Däne Per Norgård von der COMEDIA anregen: In seiner Oper LABYRINTEN (1963) tritt ein Ticketverkäufer in einem Jahrmarkt auf, der den Amüsierbetrieb satt hat und nun mit den Besuchern das Inferno im Pappmaché-Modell nachbaut. Der Soundtrack des italienischen Komponisten Marco Ambrosini zu einer Bühnenfassung der COMEDIA, ein Potpourri aus Mittelalter und schrägem Jazz, ist derzeit auf CD zu haben.

Triumphzug mit Aufenthalten

Auch viele der klassischeren Komponisten haben sich immer wieder mit Dante beschäftigt. Zu ihnen gehört vor allem Franz Liszt, dessen Lebenszeit (1811 – 1886) gewissermaßen mit der »romantischen« Wiederentdeckung des Dichters zusammenfällt. Von den PROLEGOMINA ZUR GÖTTLICHEN KOMÖDIE, einer Klaviersonate, haben wir gleich zwei Fassungen (1839 und 1840) und außer zwei weiteren Klavierstücken nach Dante noch seine Dante-Symphonie von 1865. Die Spur des Dichters ist auch bei Jan Sibelius zu verfolgen. Der finnische Komponist läßt in seiner Symphonie Nr. 2 von 1902 Themen anklingen, die er sich während einer Italienreise aufgeschrieben hatte, vorgesehen für ein Tongedicht nach der GÖTTLICHEN KOMÖDIE.

Erstaunlich einflußreich wurde die COMEDIA in Rußland. Tschaikowski schrieb 1876 FRANCESCA DA RIMINI, eine Phantasie für Orchester. Den gleichen Titel benutzte dann 1905 Rachmaninow für eine ganze Oper über das tragische Liebespaar.

Dante und die bildende Kunst: Der visuelle Erfindungsreichtum der COMEDIA-Szenen mußte, es war gar nicht anders möglich, zu einer immer neuen Inspiration für die Malerei werden. Vielleicht hatte Dante sogar selbst schon die kommenden Illustratoren im Blick, jedenfalls lobt er ausdrücklich zwei zeitgenössische Maler, eine damals ungewöhnliche PR-Arbeit: Er erwähnt sie namentlich. Er spricht zwar von der Vergänglichkeit des Ruhms (Purg. XI, 94ff), aber er nennt als lebende Beispiele Cimabue, dessen Ruhm einst groß war, und danach Giotto, den jetzt Hochberühmten. Achtzig Jahre später holte Florenz Sandro Botticelli zu Hilfe, um die kulturpolitisch wichtige Dante-Ausgabe von 1481 zu illustrieren. Er fertigte 99 Federzeichnungen an: 34 für das Inferno und 33 für das Purgatorium, aber nur 32

Dante und die Künstler

Heute gibt es fast keinen Lesekundigen mehr, der nicht wenigstens einmal von Dante gehört hat. Greifen wir drei zufällige, in jeder Hinsicht sehr verschiedenartige Personen heraus, einen Faschistenführer, einen Oberschüler in Jena und einen Stuttgarter Ex-Nachtclubbesitzer.

Mussolini ließ sich unter anderem auch von der COMEDIA anregen. Freudig identifizierte er sich mit dem von Beatrice geweissagten Welterlöser, dem ungeklärten »Fünfhundert und Zehn und Fünf« (Purg. XXXIII,43). Wie kam er dazu? Ganz einfach: Man brauchte nur die drei Ziffern in römischen Zahlen zu schreiben, also D und X und V, und sie ein bißchen umzustellen, und schon ergab sich das Wort »DVX« oder »DUX«, der lateinische Vorläufer des »Duce«.

Max Große, geboren 1981, hat eine Homepage im Internet. Die Orthographie des Gymnasiasten (»bevorzugte Bücher: DAS VERLOHRENE PARADIES«) ist sicher noch verbesserungsfähig, aber seine detaillierte Geographie der Danteschen Ober- und Unterhölle ist fehlerfrei, und liebevoll hat er jedem Ring und Graben seine jeweiligen Sünder genau zugeordnet.

Steffen Jacob, genannt »der Kiezfürst vom Stutti«, hat sich 1998 aus dem rauhen Geschäft zurückgezogen und philosophiert nur noch. Angeblich hat er bei Seneca gefunden, daß es kein schönes Leben gibt, »es gibt nur schöne Stunden«. Die macht er sich jetzt. Und falls er doch einmal einen »düsteren Moment« hat, dann blättert er ratsuchend – in der GÖTTLICHEN KOMÖDIE.

für das Paradiso (vor dem letzten Gesang mit der mystischen Dreifaltigkeit scheute er offenbar zurück). Vier in Farbe gehaltene Blätter weisen darauf hin, daß Botticelli die Skizzen als Vorlage für spätere Farbillustrationen gezeichnet hat. Zur Ausführung des großen Plans kam es nicht mehr, da der Maler vom Papst nach Rom gerufen wurde zur Ausmalung der Sixtinischen Kapelle. Immerhin neunzehn Zeichnungen wurden aber trotz ihres halbfertigen Zustands in die Florentiner Dante-Ausgabe aufgenommen, und diese Drucke zählen heute zu den wertvollsten. In anderen kann man aber noch die Leerstellen sehen, die für dann doch nicht übernommene Abbildungen freigelassen wurden.

Bemerkenswert ist Michelangelos Beziehung zu Dante, vor allem deshalb, weil der Künstler ja schon dem 16. Jahrhundert angehört, das von dem Dichter nicht mehr viel wissen wollte. Und doch war die COMEDIA Michelangelo innerlich gegenwärtig, manche sagen sogar mit gewisser Übertreibung, er hatte sie »tutta nella memoria«. Tatsache ist aber, daß er sich 1519 um die Ausarbeitung eines Dante-Grabmals bewarb, mit dessen Hilfe die Medicis die sterblichen Überreste aus Ravenna heimholen wollten (übrigens vergeblich, wie später noch öfter: Ravenna hat den weltberühmten Toten bis 1865 nicht an seine Geburtsstadt zurückgegeben). In den Sockel einer Pietà für Vittorio Colonna ließ der Künstler sogar einen Dantevers eingravieren: »Man denkt nicht daran, wieviel Blut es kostet« (Par. XXIX, 91). In einer Lünette der Sixtinischen Kapelle soll Michelangelo den Dichter gleich zweimal verewigt haben, einmal als Kind neben einem bärtigen Alten und auch noch als erwachsenen Mann. Danach legt auch die Malerei die charakteristische Dante-Pause von mehr als zweihundert Jahren ein. Erst mit dem Beginn des 19. Jahrhunderts und der Romantik beschäftigen sich die bildenden Künstler wieder mit der COMEDIA.

Der englische Bildhauer und Zeichner John Flaxman hatte während der obligaten Italienreise die Antike für sich entdeckt – und dabei auch Dante. Wieder daheim in London, nach 1800, zeichnete er nicht nur Entwürfe für die homerischen Epen, sondern ebenfalls für die GÖTTLICHE

Dante und die Künstler

KOMÖDIE. Er arbeitete eng mit einem anderen romantischen Künstler zusammen, der auch noch ein berühmter Lyriker war: William Blake. Von ihm ist in der Birmingham Art Gallery THE WHIRLWIND OF LOVERS zu sehen, ein Bild zu jener Dante-Szene, die von nun an für alle Maler der Romantik unwiderstehlich wurde, nämlich zu Paolo und Francesca.

Eigene Wege ging Johann Heinrich Füssli, der 1806 die Hungerturm-Episode mit Ugolino festhielt. Man nimmt an, daß Eugène Delacroix dieses grausige Bild vor Augen hatte, als er DAS FLOß DER MEDUSA malte. Später, im Jahr 1822, stellte Delacroix im Salon de Paris sein Gemälde von Dante und Virgil vor, auf dem die beiden gerade über den See auf die Höllenstadt zufahren.

Das Liebespaar im Wirbelwind jedoch ließ der Künstler mit dem sprechenden Namen Dante Gabriel Rossetti nicht vorübergehen und malte 1855 sein Aquarell PAOLO UND FRANCESCA DA RIMINI. 1861 folgte ihm Gustave Doré, der allerdings nicht nur diese Szene zeichnete, sondern insgesamt 34 Blätter zum ganzen Inferno. Auch Feuerbach und Ingres haben die Liebenden gemalt. Francescas Faszination reicht sogar noch bis zu Oskar Kokoschka und seiner bekannten WINDSBRAUT von 1914 – ganz zu schweigen von gegenwärtigen Künstlern zweiten Ranges wie Emilio Greco, Ary Scheffer, Alessandro Kokocinski, Jennifer Strange und unzähligen anderen.

Die Bildhauerei ist in der Dante-Rezeption mit nur einem Künstler vertreten: Auguste Rodin. Was die wenigstens wissen: Sein immer wieder abgebildeter DENKER ist unmittelbar von der COMEDIA beeinflußt. Die Statue wuchs nämlich aus dem bildhauerischen Entwurf Rodins für ein Dantesches Höllentor heraus, das weniger durch die nachdenkliche als die tragische Weltsicht der Künstler gekennzeichnet war. Der Ur-DENKER sitzt dort in der Mitte des tiefen Simses über der Doppeltür. Geplant war das Tor für ein später doch nicht gebautes Rodin-Museum in Paris.

Jetzt ist noch von einem Maler zu erzählen, der zu sehr für seine Bizarrerien bekannt ist und weniger für seine tiefe Religiosität. Wir sprechen von Salvador Dalí. Er hat die COMEDIA sogar zweimal in seiner visionären Kunst wiedergegeben.

1951, vierzehn Jahre vor Dantes 700. Geburtstag, beauftragte die italienische Regierung den Spanier mit den Illustrationen für eine neue Dante-Ausgabe. Zwei Gruppen protestierten sofort, die Patrioten, die den Auftrag im Land lassen wollten, und die Kommunisten, die das ganze für Geldverschwendung hielten, worauf die Regierung den Auftrag zurückzog. Dalí machte sich trotzdem an die Arbeit. Als er anderthalb Jahre später fertig war, hatte er einhundert Holzschnittvorlagen in Form von Aquarellen, eine treffende Bildidee für jeden Gesang. Ein französischer Verleger, Joseph Forêt, erklärte sich bereit, die Holzschnitte zu veröffentlichen. Ab 1959 stellten zwei Holzschneider anhand der Aquarelle die nötigen 3500 Farbstöcke her. Die sechs Bände von Forêts Prachtausgabe der COMEDIA, Text und Illustrationen, erschienen 1960 bis 1963. Die Originalaquarelle verschwanden währenddessen spurlos.

Anfang der sechziger Jahren malte Dalí die gesamte COMEDIA noch einmal, und zwar im Auftrag von – Walt Disney. Die seltsame Idee dabei war, aus 101 Gouachen einen Zeichentrickfilm zu machen. Als die Vorlagen 1963 fertig waren (unter ihnen der Engel mit den Schubladen, die ihm aus dem vornüber gebeugten Körper leer herausstehen), fing der Streit an. Disney wollte natürlich einen Film von Walt Disney, Dalí dagegen konnte sich nur einen »Film von Salvador Dalí« vorstellen. Das Projekt hat sich

Dante und die Künstler

jetzt ein deutscher Filmemacher in Spanien erneut vorgenommen. Inzwischen gibt es aber schon den Disney-echten Zeichentrickfilm INFERNO (Bruce Willis spricht Dante und Anthony Quinn Virgil).

Die Literaten: Unübersehbar und nur von erfahrenen »dantisti« begehbar sind die Wege der COMEDIA in die Literatur. Praktisch jeder Schriftsteller, der sich etwas irgendwie Großes vorgenommen hat, hat vorher seinen Dante ge-

> Zu den wahren Kollegen des Dichters gehört der schreibfreudige Psychologe Oliver Sacks vielleicht nicht, aber auch er findet es zumindest apart, sein Buch DER TAG, AN DEM MEIN BEIN FORTGING, eine autobiographische Heilungsgeschichte, genau nach dem Danteschen Modell als Pilgerreise anzulegen, also die Krankheit als Hölle und den Arzt als seinen Virgil. Noch verblüffender erscheint uns eine Literaturdiskussion der KPdSU im Jahr 1924. Dabei bezeichnete der Bolschewistenführer Raskolnikow die GÖTTLICHE KOMÖDIE als bloßes historisches Dokument, womit er sich aber vehementen Widerspruch einhandelte, und zwar von Leo Trotzki: »Wenn mir die Leute sagen, die künstlerische Bedeutung Dantes für uns liege [ausschließlich] darin, daß er die Lebensweise einer bestimmten Epoche zum Ausdruck gebracht hat, dann kann ich nur hilflos mit den Achseln zucken.« Für Trotzki war Dante als Künstler nicht deshalb wichtig, weil er ein Florentiner Kleinbürger des ausgehenden Mittelalters war, »sondern in erheblichem Maße trotz dieses Umstandes«. Und noch eine Überraschung: Nur ganz Belesene wissen, daß Karl Marx unter das Vorwort der KRITIK DER POLITISCHEN ÖKONOMIE ein COMEDIA-Zitat setzte (Inf. III, 14f), die Mahnung Virgils an Dante: »Hier muß man jeden Argwohn von sich lassen,/ Und jede Feigheit muß des Todes sterben«, womit er sich offensichtlich selbst Mut zusprach.

lesen, allerdings hat die höhere Literatur eher zögerlich Bekanntschaft mit dem Dichter gemacht. Natürlich finden wir die Wirkung Dantes auf Boccaccio, und im 14. Jahrhundert hat Geoffrey Chaucer die Ugolino-Geschichte neu erzählt, in seinen CANTERBURY TALES.

In den drei Jahrhunderten danach aber wird es, wie wir schon mehrfach feststellen mußten, ruhig um Dante, auch in der Literatur. Immerhin wissen wir, daß John Milton, der Autor von PARADISE LOST (1667), Dante ausführlich gelesen hat. Aber noch Voltaire zum Beispiel kann nichts mit ihm anfangen. In seinem DICTIONNAIRE PHILOSOPHIQUE von 1764 fertigt er die COMEDIA so ab: »Zwanzig prägnante Stellen kennt man auswendig, was den Leuten die Mühe erspart, sich mit dem Rest zu beschäftigen.« Wie Schiller erwähnte auch Goethe den Dichter selten genug, und wenn, dann mit freundlicher Herablassung.

Nach der Klassik rollte nun aber die romantische Welle der Dante-Begeisterung durch Europa. Von den deutschen Romantikern war bereits die Rede. In England schlossen sich ihnen Shelley und Tennyson an, vor allem aber Byron. Er schrieb A PROPHECY OF DANTE, in Terzinen und aus Begeisterung für die italienische Einigungspolitik. Tennyson popularisierte die Mode, einzelne Szenen aus der COMEDIA schwelgerisch auszumalen, die Odysseus-Episode zum Beispiel. John Keats schrieb 1819 das Gedicht A DREAM, AFTER READING DANTE'S EPISODE OF PAOLO AND FRANCESCA. Der Maler-Dichter Blake notierte sich den italienischen Originaltext der ersten COMEDIA-Zeile über seine englische Übersetzung (und fügte hinzu: »Mir scheint, daß man Leute dazu anheuert, um unter der Maske des Übersetzers Männer von Genie zu vernichten«). In den USA schrieb der Dante-Übersetzer Longfellow 1864 und 1866 vier Sonette BEIM ÜBERSETZEN DER DIVINA

COMMEDIA, sozusagen während der Arbeit. In Balzacs Romanen hat man 32mal das Wort »Dante« gezählt (zum Beispiel in EINE FRAU VON DREISSIG JAHREN: »Das eisige Gesicht von Madame d'Aiglemont war eines dieser Gedichte, eines dieser schrecklichen Gesichter, wie sie zu Tausenden in der DIVINA COMEDIA von Dante Alighieri vorkommen.«). 1815 wurde die Tragödie FRANCESCA DA RIMINI von Silvio Pellico in Mailand uraufgeführt, 1855 ein gleichnamiges Stück von George Henry Broker in den USA und 1901 in Rom noch einmal dasselbe, diesmal von Gabriele d'Annunzio verfaßt.

Und das war erst der Anfang. Denn die wirkliche Dante-Renaissance geschah jetzt, im 20. Jahrhundert. Die literarischen Ausgangspunkte waren Irland und die USA. William Butler Yeats schrieb 1938 sein Dante-Gedicht A VISION und James Joyce den ULYSSES und das PORTRÄT DES KÜNSTLERS, die ohne die Kenntnis der COMEDIA gar nicht gewürdigt werden können. Nicht zu vergessen: Samuel Beckett. In seiner Kurzgeschichte DANTE AND THE LOBSTER bleibt der Held in der COMEDIA-Lektüre stekken, bezeichnenderweise bei Beatrices Mondfleckenerklärung. Dieser »irische Dante« war auch deshalb so erfolgreich, weil er sich hervorragend zur Selbstbehauptung eines katholischen Irland gegenüber Großbritannien eignete.

In den USA führten zwei sehr verschiedene Dichter ihren italienischen Kollegen zu neuem Ruhm. Der eine war Ezra Pound, der seltene Fall eines (wegen seiner intoleranten Faschismus-Neigungen) erfolgreich gebrandmarkten Dichters. An seinen CANTOS, allenthalben aus Dantes schlimmsten Horrorvisionen entlehnt, hat er fünfzig Jahre gearbeitet. Die COMEDIA, sagt er jedoch, steht nur als »thematischer Reim« hinter den Cantos, sie sind »keineswegs ein geordneter Dantescher Aufstieg«.

Triumphzug mit Aufenthalten

Die intensive Adaption der COMEDIA bei Peter Weiß in der ÄSTHETIK DES WIDERSTANDS ist in gewisser Weise typisch für viele seiner Zeitgenossen. Er übernimmt nämlich nicht mehr »die religiöse Architektur der COMMEDIA« (Peter Kuon). Dantes drei Jenseits-Bereiche sind bei Weiß vielmehr in unsere Welt transponiert. Das Inferno wird dann zum möglicherweise scheiternden Versuch, den namenlosen Schrecken eines Konzentrationslagers zu beschreiben, während Purgatorium und Paradies nur noch als Bilder einer besseren Zukunft der Menschheit dienen. Mit anderen Worten: Das Inferno wird zur Metapher der Gegenwart, der Rest zur ebenso weltlichen Utopie. Zweifellos reizt der politische, nicht selten polemische Gehalt der COMEDIA zu so bewußten »Fehl-Lektüren«. Aber es bleibt die Frage, ob die eingeschränkte Neuinterpretation nicht zu hoch bezahlt ist. Der alles umfassende Blick Dantes auf die Existenz des Menschen geht dabei verloren. Vielleicht ist es auch nur die Literatur, die mit einer zeitgemäßen Dante-Version überfordert ist. Vielleicht warten wir insgeheim alle auf die endgültige GÖTTLICHE KOMÖDIE im Kino, sagen wir von Stephen Spielberg (geplant hat man den Film schon öfter, nur waren die nötigen Special effects bisher zu teuer).

Der andere Dante-Entdecker in den USA war T. S. Eliot, der Wegbereiter der poetischen Moderne. Sein bekanntestes Gedicht, DAS WÜSTE LAND, enthält fünf Zitate aus der COMEDIA, eines davon im Original. Das Gedicht THE LOVE SONG OF ALFRED J. PRUFROCK trägt als Motto ein originales Dante-Zitat aus dem Gesang XXVII des Inferno, dem Gespräch mit Montefeltro. Aber auch in fast allen anderen Werken, vor allem in den FOUR QUARTETS, sind zahlreiche Anspielungen und Querverweise auf Dantes Gedicht zu finden. Eliot hat sich, wie aus seiner Essaysammlung ÜBER DICHTER UND DICHTUNG hervorgeht, immer wieder energisch mit Dantes Dichtung befaßt.

Dante und die Künstler

Aber die Verflechtungen der COMEDIA mit der Literatur dieses Jahrhunderts gehen endlos weiter. Wenn Dante-Forscher suchen, dann werden sie auch fündig. Etwa, um nur ein paar zu nennen, bei Malcolm Lowry (UNTER DEM VULKAN), Borges (EL ALEPH) und Cortázar (DIE PFORTEN DES HIMMELS), Witold Gombrowicz und Osip Mandelstamm, bei Albert Camus und selbst bei Günter Grass in den HUNDEJAHREN.

Geben wir T. S. Eliot noch einmal zum Schluß das Wort. In seinem Essay DANTE von 1920 widerspricht er Paul Valéry, der gemeint hatte, ein Dichter dürfe keine Gedanken und Begriffe verwenden, sondern müsse im Leser einen »Zustand vollkommener Lust« herstellen. Am Beispiel der COMEDIA hält Eliot ihm jedoch den ungeschmälerten Dante entgegen. Er ließ es nicht zu, daß man den Philosophen mit dem Dichter aus dem Werk hinausjagte: »Die Untersuchung jedweder Episode in der ›Komödie‹ müßte zeigen, daß nicht nur die allegorische Interpretation oder die lehrhafte Absicht, sondern auch die emotionale Bedeutung selbst mit dem Rest des Gedichts untrennbar verbunden ist ... Dante analysiert das Gefühl nicht, er zeigt eher seine Beziehung zu anderen Gefühlen. Das heißt, man kann das ›Inferno‹ ohne das ›Purgatorio‹ und das ›Paradiso‹ nicht verstehen.«

Anhang

Übersetzungsvarianten

Original (Inf. I,1-7):

Nel mezzo del cammin di nostra vita
mi ritrovai per una selva oscura,
chè la diritta via era smarrita.
Ahi quanto dir qual era è cosa dura
esta selva selvaggia e aspra e forte
che nel pensier rinova la paura!
Tant'è amara che poco è piu morte.

Karl Streckfuß 1824 (ein- und zweisilbig gereimt; eine in Form und Inhalt beispielhaft treue und strenge Übersetzung; seit 1824 mehrfach überarbeitet und von veralteten Reimwörtern gereinigt, etwa »bekleiben«, d.i. »haften«):

Auf halbem Weg des Menschenlebens fand
Ich mich in einen finstern Wald verschlagen,
Weil ich vom graden Weg mich abgewandt.
Wie schwer ist's doch, von diesem Wald zu sagen,
Wie wild, rauh, dicht er war, voll Angst und Not,
Schon der Gedank erneuert noch mein Zagen.
Nur wenig bitterer ist selbst der Tod.

Paul Pochhammer, 1910 (ein- und zweisilbig gereimt, stellenweise freie Nachdichtung im »nationalen Sinn« der Kaiserzeit, von dem selbsternannten »Priester einer Dante-Botschaft« an die deutsche Jugend):

Anhang

> Es war in unsres Lebensweges Mitte,
> Als ich allein in dunklem Wald mich fand,
> Der keinen Pfad mehr zeigte meinem Schritte.
> Denk' ich zurück, wie dort in Nacht ich stand,
> Nur Dickicht greifend rings bei jedem Tritte,
> Faßt mich das Graun, das damals mich umwand,
> Wohl litt ich Todespein, doch fand ich Leben.

Stefan George 1912 (originalgetreu zweisilbig gereimt, unvollständige Übersetzung; George: Der Übersetzer »weiss, dass das ungeheure welt-, staats- und kirchengebäude nur aus dem ganzen werk begriffen wird. Was er aber fruchtbar zu machen glaubt ist das dichterische, ton, bewegung, gestalt: alles wodurch Dante für jedes in betracht kommende volk (mithin auch für uns) am anfang aller Neuen Dichtung steht«):

> Es war inmitten unsres wegs im leben,
> Ich wandelte dahin durch finstre bäume
> Da ich die rechte strasse aufgegeben.
> Wie schwer ist reden über diese räume
> Und diesen wald, den wilden rauhen herben.
> Sie füllen noch mit schrecken meine träume.
> So schlimm sind sie dass wenig mehr ist sterben.

Wilhelm G. Hertz 1956 (ein- und zweisilbige Reime; eine nicht selten eigenwillige, gehobene, das Original überhöhende Wiedergabe, vgl. »erklommen«, daher manchmal dunkler als Dante selbst):

> Als unseres Lebens Mitte ich erklommen,
> Befand ich mich in einem dunklen Wald,
> Da ich vom rechten Wege abgekommen.

Wie schwer ist's, zu beschreiben die Gestalt
Der dichten, wilden, dornigen Waldeshallen,
Die, denk ich dran, erneun der Furcht Gewalt!

Kaum bittrer ist es in des Todes Krallen.

Zeittafel

1265	Zwischen dem 18. Mai und dem 17. Juni wird Dante Alighieri in Florenz nahe der Kirche San Martino del Vescovo geboren.
1277	Verheiratung mit der ebensojungen Gemma Donati. Erst gut zehn Jahre später, vielleicht auch schon 1283, wird die Familie gegründet. Kinder: eine oder zwei Töchter, drei Söhne (Giovanni, Pietro und Jacopo).
1285 bis 1287	Womöglich Studium in Bologna.
1289	Teilnahme an der Schlacht bei Campaldino (vgl. Inf. XXI,94ff).
1292	Vermutliche Entstehungszeit der VITA NUOVA
1295	Beitritt zur Gilde der Ärzte und Apotheker, um das Recht auf politische Betätigung zu erlangen. Bis 1296 Mitglied des Stadtrats und einer Kommission für Wahlrechtsreform.
1296	Mitglied im städtischen »Rat der Hundert« (auch später, zum Beispiel 1301).
1297	Mitglied im Rat des Bürgermeisters von Florenz.
1300	Gesandter der Stadt in San Gimigiano. Dante gehört zur Partei der »Weißen« (Guelfen), die mit den »Schwarzen« (Guelfen) und den

Anhang

	Ghibellinen verfeindet sind. Der Papst verhängt nach Verbannung sowohl der Weißen wie der Schwarzen aus der Stadt den Kirchenbann über Florenz.
1301	Dante leitet die Kommission für Straßenbau und Grundstücke. Andauernde blutige Unruhen in der Stadt. Als päpstlicher Friedensstifter kommt Karl von Valois nach Florenz.
1302	Prozeß – in Abwesenheit – gegen die Weißen und Verurteilung, auch Dantes, zur Verbannung. Die Weißen verbünden sich mit den Ghibellinen außerhalb von Florenz. Dante im Zwölferrat der Ghibellinen.
1303	Niederlage der vertriebenen Weißen bei Montepulciano. Erster Aufenthalt in Verona (bei Bartolomeo della Scala). Am 7. September: Gefangennahme des Papstes Bonifaz VIII. in Anagni. Der Papst, wieder befreit, stirbt wenige Wochen später.
1304 bis 1308(?)	Vermutliche Niederschrift von DE VULGARI ELOQUENTIA.
1304	Erfolglose Versöhnungsversuche in Florenz durch Papst Benedikt XI. – Dante gehört keiner Partei mehr an und beginnt ein unstetes Leben als Asylsuchender.
1306 bis 1309	Vermutete Entstehungszeit des CONVIVIO.
1307	nur vermutbarer Beginn der Arbeit an der COMEDIA (bis 1321). In Frankreich Schauprozeß gegen den Templerorden.
1308	Laut Boccaccio: undokumentierte Reise Dantes nach Paris.
1310	Kaiser Heinrich VII., die Hoffnung der

	Ghibellinen, kommt über die Alpen nach Italien. Dante schreibt DE MONARCHIA.
1311	Erfolgloser erster Brief Dantes (von dreien) an den Kaiser. Am 4. Juni 1312 eilige Kaiserkrönung ohne den Papst. Heinrich VII. stirbt bei Siena am 24. August.
1315 oder 1316	Florenz bietet Dante unter entehrenden Bedingungen die Rückkehr in die Stadt an. Er lehnt das Angebot ab. Daraufhin erneute Verurteilung Dantes (nicht mehr durch Verbrennung, sondern durch Enthauptung), auch für die ihn begleitenden Söhne.
1316	Mehrere Kurzaufenthalte Dantes bei Cangrande della Scala in Verona.
1321	In Ravenna erkrankt Dante und stirbt am 14. November morgens (seine Frau Gemma überlebt ihn um 22 Jahre). Er wird in einem Steinsarg an der Kirche San Pietro Maggiore, heute San Francesco, feierlich beerdigt.

Anhang

Statt einer Bibliographie

Die vollständigste und immer noch gediegenste Comedia-Einführung in deutscher Sprache hat der große Romanist Karl Vossler geschrieben (DIE GÖTTLICHE KOMÖDIE, 1925). Mit seiner heute kaum noch präsenter Belesenheit, aber auch mit genauer Auswahl bietet er im ersten Band den geistigen Hintergrund der Dichtung, das heißt sowohl die religiöse, wie auch die philosophische und die ethisch-politische Entwicklungsgeschichte des Werkes. Der zweite Band enthält eine vertiefende literarhistorische Würdigung von Dantes Vorbildern und danach eine Lesart der Comedia, die insbesondere die poetische Höhe der Dichtung herausarbeitet. Kaum eine Zeile in Vosslers Darstellung ist zeitgebundene, also leicht verderbliche Interpretation. Die nachfolgende Dante-Forschung mag ihn im Detail korrigiert haben, aber an unbestechlicher Objektivität, umfassender Gebildetheit, Fremdsprachenkenntnis und Liebe zur Poesie hat sie ihn bis heute nicht eingeholt.

Meisterwerke kurz und bündig

Herausgegeben von Olaf Benzinger

Olaf Benzinger
Sgt. Pepper's Lonely Hearts Club Band der Beatles
144 Seiten. SP 3137

Dirk Heißerer
Thomas Manns Zauberberg
127 Seiten. SP 3141

Gerhard Fink
Ovids Metamorphosen
127 Seiten. SP 3136

Fritz R. Glunk
Dostojewskijs Schuld und Sühne
133 Seiten. SP 3135

Thomas Kraft
Musils Mann ohne Eigenschaften
123 Seiten. SP 3185

Frank Zumbach
Joyce' Ulysses
144 Seiten. SP 3138

Frank Zechner
Die vier edlen Wahrheiten des Buddha
124 Seiten. SP 3142

Gerhard Fink
Homers Ilias und Odyssee
104 Seiten. SP 2885

Michael Lösch
Goethes Faust
128 Seiten. SP 2886

Robert Maschka
Wagners Ring
125 Seiten. SP 2887

Lieselotte Bestmann
Michelangelos Sixtinische Kapelle
136 Seien mit einem farbigen Bildteil. SP 2888

Philipp Reuter
Prousts Auf der Suche nach der verlorenen Zeit
128 Seiten. SP 2890

Fritz R. Glunk
Dantes Göttliche Komödie
106 Seiten. SP 2891

SERIE PIPER

SERIE PIPER

Richard Friedenthal

Goethe
Sein Leben und seine Zeit.
660 Seiten. SP 248

Richard Friedenthal ist die Gesamtdarstellung des Lebens Johann Wolfgang Goethes vor dem Hintergrund seiner an Ereignissen so reichen Zeit meisterhaft gelungen. Gleich nach ihrem ersten Erscheinen wurde diese geistreiche und lebendige Biographie als Ereignis gefeiert und ist heute ein Standardwerk. Denn Friedenthal war nicht nur ein zuverlässiger Biograph, sondern auch ein Erzähler von hohen Gnaden. Überzeugend und unbefangen schildert er den bürgerlichen Lebenslauf des Genies, eines Menschen, der sich unablässig wandelte und im Kampf auch mit der eigenen Natur sich immer wieder neu verwirklichte. Dabei entfaltet sich das breite Panorama einer Epoche, die – voller Umwälzungen und Katastrophen – einen der Höhepunkte abendländischer Geistesgeschichte darstellt.

»Friedenthal zeigt – verstehend, aber nicht beschönigend, die Dinge, wie sie wirklich sind ... und siehe da, statt zu verlieren, gewinnt der Betrachtete noch an Vielfalt und Plastizität. Der Autor begreift sein Gegenüber als ein Geschichtsphänomen: Nicht der Heroisierte, sondern der Zeitgenosse beschäftigt die Phantasie ...«
Walter Jens

Luther
Sein Leben und seine Zeit.
681 Seiten mit 38 Abbildungen.
SP 259

»Daß Friedenthals Luther-Biographie in einem lebendigen, brillanten Stil geschrieben ist, mit einer erstaunlichen, anschaulich erzählten und dadurch niemals aufdringlichen Kenntnis des ungeheuren historischen Stoffes, versehen mit zahlreichen anekdotischen Einzelzügen, geistreichen Pointen und interessant aufgesetzten Lichtern – das schämt man sich bei einem Autor von dieser Qualität fast zu erwähnen.«
Heinz Zahrnt

»Diese Biographie liest sich so romanhaft fesselnd, sie verführt so unwiderstehlich, im Ozean der Geschichte zu baden, wie dies bisher wohl noch kein Luther-Buch tat.«
Frankfurter Allgemeine Zeitung

Richard Ellmann

Oscar Wilde
Biographie. Aus dem Amerikanischen von Hans Wolf. 868 Seiten mit 63 Abbildungen. SP 2338

Wer, wie Oscar Wilde, bekundet: »Ich habe mein ganzes Genie in mein Leben gesteckt, in meine Werke nur mein Talent«, der ist in der Tat dazu bestimmt, eine Lebensgeschichte zu hinterlassen, die ein gutes und umfangreiches Buch wert ist. Der amerikanische Literaturwissenschaftler Richard Ellmann hat die berühmt-berüchtigte Inszenierung eines künstlerischen Lebens aufs genaueste recherchiert. Das Ergebnis ist eine »glänzende, eine meisterliche Biographie« (Sigrid Löffler), ein ungeheuer spannendes Buch, das nicht nur als ein Plädoyer für den großen Dandy zu lesen ist, sondern auch an geschliffenem Witz und stilistischer Eleganz mit seinem Gegenstand mithalten kann.

»Eine Biographie, wie sie in diesem Jahrhundert wohl kaum mehr geschrieben werden wird.«
Der Spiegel

Heinz Ohff

Theodor Fontane
Leben und Werk. 463 Seiten mit 26 Abbildungen. SP 2483

In der zweiten Hälfte des 19. Jahrhunderts hat die deutsche Literatur nur einen Romancier von Weltrang hervorgebracht: Theodor Fontane. Er allein kann einem Balzac, Dickens, Flaubert oder Tolstoi ebenbürtig genannt werden, vor allem mit seinen beiden Meisterwerken »Effi Briest« und »Der Stechlin«.
Theodor Fontane ist in seinem journalistischen Kollegen Heinz Ohff endlich der Biograph erwachsen, der ihm gerecht wird. Denn weder ist Fontane ein märkischer Heimatdichter noch ein einsames Genie: Diese längst überfällige Biographie zeigt den weltoffenen Preußen hugenottischer Prägung als hart arbeitenden Schriftsteller, der sich seinen Rang in der Weltliteratur schwer erkämpft hat.

»Diese wunderbare Biographie macht neue Lust auf den Autor Theodor Fontane.«
Brigitte

SERIE PIPER

SERIE PIPER

Martin Green

Else und Frieda
Die Richthofen-Schwestern.
Aus dem Amerikanischen von
Edwin Ortmann.
416 Seiten. SP 2323

Die Schwestern Else und Frieda von Richthofen, Töchter aus altem preußischem Offiziersadel, imposante Schönheiten von hoher Intelligenz und rebellischem Freiheitsdrang, stehen für zwei entgegengesetzte Ausbruchsversuche aus der patriarchalischen Welt ihrer Zeit. Else, Muse der kritischen Intelligenz, lebte ihre verschwiegene Liebesgeschichte mit Max Weber als geistige Partnerschaft aus. Frieda, Idol erotischer Imagination, heiratete D. H. Lawrence. Und für beide war der radikale Freud-Schüler Otto Groß, der gegen die bürgerliche Sexualität, Ehe und Monogamie zu Felde zog, der erste befreiende Liebhaber gewesen. Vor dem Hintergrund der Lebens- und Emanzipationsgeschichte der Richthofen-Schwestern gelingt Martin Green eine der »scharfsinnigsten Analysen der deutschen Sozial- und Geistesgeschichte der letzten hundert Jahre.«

Merkur

Wolfgang Leppmann

Rilke
Sein Leben, seine Welt, sein Werk.
484 Seiten mit 20 Abbildungen.
SP 2394

Rilkes Leben war lange in ein fast mystisches Dunkel gehüllt. Mit seinem Hang zur Isolation und gleichzeitig seinem Umgang mit Fürstinnen, Gräfinnen, Herzoginnen, die ihn auf ihre Schlösser einluden und aushielten, gab der »unbehauste Salondichter« viele Rätsel auf. Wolfgang Leppmann verbindet die Stationen und Ereignisse von Rilkes Leben zu einem fast romanhaftem Fresko und ergründet auch seine viel beredten Schwächen, darunter seinen pubertären Snobismus, seinen Mutterkomplex, verbunden mit der Fälschung der Vaterfigur, sein Versagen als Ehemann und Vater, seine Schnorrer-Allüren.

»Farbigkeit und Anschaulichkeit der Darstellung, die breite und stets sorgfältige Wiedergabe des Zeithintergrunds und nicht zuletzt die hohe Lesbarkeit zeichnen das Buch dieses gelehrten, aber gelassenen Erzählers aus.«

Marcel Reich-Ranicki